GÉRER SON TEMPS GRACE À 3 MÉTHODES, 7 TECHNIQUES, 27 RÈGLES ET UNE HISTOIRE FRAPPANTE

DU MEME AUTEUR

> › La Vibration Originelle : Exprimez votre plein potentiel en accord parfait avec votre âme

> › Vivre en Accord Parfait avec les Lois Universelles

> › 7 secrets cachés sur la loi de l'attraction

> › La Loi d'Attraction : Les réponses à toutes vos questions

RETROUVEZ DORIAN VALLET SUR

> › https://www.dorianvallet.fr/

> › https://terrecristalline.fr/

> › https://lecerclecristal.fr/

ISBN : 9782955403310

TABLE DES MATIÈRES

LE POURQUOI DE CE LIVRE

L'objectif premier de ce livre est de vous faire découvrir plusieurs méthodes et principes pour gérer votre temps efficacement. Chacune de ces méthodes pourrait faire l'objet d'un livre à elle-seule (ce qui est d'ailleurs le cas pour la plupart). Néanmoins, il n'est pas toujours aisé de choisir parmi la large gamme de méthodes qui existent. Je vous propose donc ici un aperçu de chaque méthode pour vous aider à choisir comment vous souhaitez *manager* votre temps dans votre vie.

Si vous faites partie de ces personnes qui n'ont pas ou peu de temps libre pour leurs loisirs ou autre, je suis certain que vous allez être ravi de voir les possibilités qui s'offrent à vous. 24h de temps par jour, c'est beaucoup ! Surtout quand vous avez appris à gérer ce temps-là au mieux. Vous pouvez tout aussi bien être fidèle à une méthode ou faire un mélange de toutes pour que votre propre méthode s'accorde parfaitement avec vos besoins. Vous pouvez changer votre manière de vivre et travailler grâce à quelques principes simples que vous mettez en place. Chacun vit sa vie comme il l'entend. Chacun a le choix. Et chacun gère son temps à sa façon.

Vous trouverez dans cet ouvrage, de nombreux renseignements qui peuvent améliorer considérablement votre qualité de vie ! Que diriez-vous si dès aujourd'hui, vous pouviez vous libérer 1h de temps en plus ? Simplement pour travailler sur d'autres projets, faire du sport car c'est devenu une activité clairement annexe dans votre vie ou encore profiter de votre conjoint et de vos enfants. Une heure de plus ! Je vous invite à lire ce livre avec un œil critique : l'œil de celui qui veut avoir plus de temps libre dans sa vie et souhaite obtenir des clés simples et efficaces à mettre en œuvre le plus rapidement possible.

Avant d'aller plus loin, je tiens à préciser pourquoi j'ai écrit ce livre. Mon désir n'est pas que vous régliez chacune de vos journées comme une horloge bien huilée, mais plutôt que vous trouviez une grande source de satisfaction dans votre façon de vivre. Le *life-style* comme disent les américains. Ayez donc en tête d'améliorer votre vie, de trouver plus de bien-être en instaurant des règles simples.

Ensuite, je souhaite également que vous preniez conscience que vous pouvez avoir du temps chaque jour pour avancer en direction de vos rêves ou d'objectifs qui vous tiennent à cœur. Beaucoup d'entre nous trouvons des excuses pour ne pas les réaliser, à commencer par le manque de temps. Ceci est une illusion. Vous choisissez précisément et à chaque instant le temps que vous allouez pour quoi que ce soit. Vous avez décidé de passer douze heures par jour au travail ? C'est votre choix. J'espère que cet ouvrage vous amènera à plus de conscience sur le pouvoir personnel que vous avez sur votre temps. Le temps qui passe ne sera jamais rattrapé. Mais si vous décidez de l'utiliser intelligemment et pour votre plus grande satisfaction à partir d'aujourd'hui, votre vie en sera transformée.

En revanche, si vous êtes venu chercher la bible de la gestion du temps, je vous invite à passer votre chemin et à renvoyer ce livre d'où il vient. Nous irons à l'essentiel et sans perdre de temps ! Je vous partagerai notamment le profil type de mes journées afin d'être à la fois productif et dans un mode de vie vraiment agréable. Je vous partage également quelques outils essentiels pour moi que j'utilise au quotidien. Ce sont des petites choses qui font de grandes différences.

Ce thème n'est pas mon domaine d'expertise et j'ai écrit ce livre dans un premier exercice d'écriture de livre. Je l'ai amélioré au fil du temps à mesure que je changeais ma façon d'être et d'agir au quotidien. Je suis assez peu porté sur l'aspect matériel. Vous verrez dans ce livre de nombreux outils et astuces pour améliorer la gestion de votre temps mais le fond pour moi est de vous faire réfléchir sur la notion même du temps. Nous vivons dans un espace-temps où s'écoule un temps linéaire. Pourtant, il n'en est pas de même partout dans l'univers. On croit vivre dans un monde référence autour duquel s'aligne le reste mais nous ne sommes qu'une planète, un système, une matrice, au sein d'un cosmos potentiellement infini. Différentes expériences ont montré que le temps ne s'écoule pas toujours de la même façon en fonction de notre état d'être ou encore des ondes de notre cerveau. La réalité, c'est que vous pouvez hacker le temps. Vous pouvez le faire dans une sphère purement matérielle ou physique, mais aussi dans d'autres que je vous laisse découvrir et qui touchent davantage à la conscience et au spirituel.

Il ne me reste plus qu'à vous souhaiter une bonne lecture et un bon voyage dans ce livre qui va à l'essentiel et vous apportera, je l'espère, de belles améliorations à mettre en place dans votre vie.

« Celui qui ose gaspiller une heure de son temps, n'a pas encore découvert la valeur de la vie »
Charles Darwin

LES CYCLES D'EFFICACITE

Pour commencer ce livre sur la gestion du temps et de la productivité, j'aimerais parler de 2 notions qui me semblent particulièrement importantes avant de vous exposer différentes méthodes et techniques. C'est avant tout un travail d'analyse et un travail sur soi à faire. J'aimerais que vous portiez votre attention sur vos cycles d'efficacité. Connaître ses cycles d'efficacité sur une journée, voire sur une heure, est primordial pour bien s'organiser. Le fait est que nous avons tous un cycle d'efficacité qui nous est propre. Mais avant de nous baser dessus, il nous faut le découvrir et le comprendre.

LE CYCLE D'EFFICACITE JOURNALIER

Premièrement, regardons le cycle d'efficacité journalier généralement représenté comme le schéma ci-dessous :

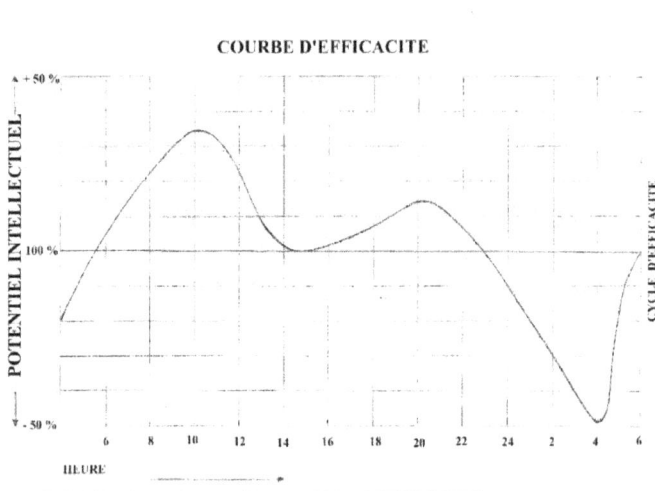

COURBE D'EFFICACITE

Ceci est la courbe d'efficacité journalière moyenne de l'être humain. On peut remarquer que nous sommes particulièrement performants entre 8h et 12h, et que ce pic de productivité ne se produit qu'une fois dans la journée. Il y a un deuxième petit pic en fin de journée entre 18h et 22h.

Néanmoins, il est variable en fonction des personnes. Certaines personnes se lèvent très tôt et sont bien plus efficaces entre 6h et 8h du matin qu'à n'importe quel autre moment de la journée. Beaucoup conseillent d'ailleurs de se lever aux aurores pour travailler sur des sujets importants. C'est avant tout une question de choix et une habitude à prendre. Néanmoins, il ne tient qu'à vous de déterminer votre courbe d'efficacité au quotidien. N'hésitez pas à bousculer vos habitudes pour gagner en efficacité chaque jour.

Personnellement, je sais que je suis très efficace le matin et j'aime mettre toute mon attention matinale sur des sujets qui me tiennent vraiment à cœur. Ainsi, arrivé à l'heure du déjeuner, ma journée a déjà été très productive et je peux me permettre des pauses ou des extras bien mérités.

A vous alors d'être à l'écoute de votre corps et de vos besoins pour pouvoir maximiser votre productivité dans les phases où vous débordez d'énergie. Et bien sûr, cela peut être variable. J'insiste ici sur le fait de s'écouter. En fonction de nos activités sur une journée, cela peut bousculer l'ordre habituel des choses.

LE CYCLE D'EFFICACITE HORAIRE

Le cycle d'efficacité horaire est lui aussi à analyser. Pendant combien de temps pensez-vous pouvoir rester concentré sur une tâche ? Sachez que la moyenne est de 10 minutes ! Eh oui, cela paraît peu. Mais être concentré à 100% demande beaucoup d'efforts et nombre d'entre nous voient leur concentration diminuer au bout de 10 minutes. Ensuite, notre niveau d'attention stagne jusqu'à 45 minutes puis dégringole vertigineusement pour atteindre un taux très bas au bout d'une heure.

Ceci est scientifique et ne s'applique pas forcément à tout le monde. De là la nécessité de se connaître afin de savoir à quel moment il est nécessaire faire une pause et pendant combien de temps. Il est recommandé de faire au moins une pause de 10 minutes chaque heure mais ce n'est pas une science exacte. Il s'agit de ne pas se couper dans notre élan si l'on se sent bien. C'est avant tout une question de *feeling*. Lorsque l'on fatigue, la pause s'impose. Personnellement, je ne passe jamais plus de 2h sans faire une pause. Lorsque j'étais encore salarié, je trouvais dingue de voir certains de mes collègues rester des heures et des heures sur leur ordinateur sans bouger. C'est littéralement un crime contre le corps d'un point de vue énergétique. Je vous recommande vivement de bouger régulièrement. Ceci est une clé vitale pour avoir de l'énergie. Si vous avez la possibilité de bouger toutes les 30 minutes, ne serait-ce que deux minutes, c'est absolument fantastique. Vous redonnez ainsi de l'énergie à votre corps régulièrement et il vous en sera plus que reconnaissant.

La méthode *Pomodoro* que nous verrons plus loin peut vous aider à instaurer de bonnes habitudes pour focaliser votre attention sur une tâche de façon efficace.

Ne négligez donc pas vos cycles d'efficacité qui peuvent paraître facultatifs, mais peuvent également augmenter l'efficacité des éventuelles méthodes de gestion du temps que vous mettrez en place dans votre vie. Ceci est de l'ordre de la connaissance de soi et tout travail personnel ou changement de vie commence par une meilleure compréhension de notre propre comportement.

A VOUS DE JOUER

Cet ouvrage se veut également pratique. Déterminez dès à présent les périodes de la journée où vous avez de l'énergie et combien de temps vous êtes capable de rester concentré sur une tâche.

Mes cycles d'efficacité journaliers sont : _____

_____

_____

_____

Ma capacité à rester concentré d'affilé est de : _____ minutes.

Mon engagement : faire une pause toutes les _____ minutes

3 MÉTHODES DE GESTION DU TEMPS POUR ORGANISER CHACUNE DE VOS JOURNÉES A LA PERFECTION

Nous allons voir dans cette partie plusieurs méthodes de gestion du temps dont l'efficacité est avérée et qui sont utilisées par des milliers de personnes à travers le monde. Ces méthodes sont pour la plupart assez lourdes à mettre en place et ne vous correspondront pas toutes. Elles sont un apport théorique et vous permettent de vous familiariser avec le sujet, ouvrant des espaces et donnant des idées. L'intention n'est pas que vous les adoptiez en les suivant les yeux fermés mais que vous vous familiarisiez avec et en saisissiez l'essence. Je vous invite à noter et garder ce qui vous parle et de ne pas vous attacher à devoir suivre ces méthodes à la lettre. Cela peut convenir à certaines personnes mais à mon sens, beaucoup ne seront pas assez puristes et n'auront pas la volonté d'aller au bout de cette démarche. En fonction de votre mode de fonctionnement de vos besoins dans votre quotidien, prenez ce qui vous parle et mettez en place ce qui fait sens pour vous. Voyons tout de suite la plus connue d'entre elles qui est la méthode *Getting Things Done*.

LA MÉTHODE "GETTING THINGS DONE"

La méthode GTD est une méthode très connue de gestion du temps, des données et des tâches. C'est un ensemble de règles pratiques qui vont vous permettre de ranger vos données et vos tâches de façon stricte. Nous allons donc voir toutes les principales composantes de cette méthode sur lesquelles vous allez pouvoir vous appuyer pour construire votre système de gestion de votre temps.

1. TRAITEMENT DES DONNÉES

La méthode GTD est une méthode par projet où chaque projet contient des actions à réaliser, un but à atteindre, un certain type d'informations à collecter, etc.

Si vous cherchez une méthode de gestion du temps, c'est que vous avez probablement des projets à réaliser. Si ce n'est pas le cas, je vous invite à réfléchir en premier lieu à ce que vous voulez. Après avoir fait cet exercice, la première étape consiste à noter tout ce qui vous passe par la tête concernant votre projet. Cela peut être des idées, des évènements, des objets, des personnes, des tâches à faire, des informations diverses, notez tout cela sur papier afin de mettre les choses au clair.

C'est la première étape de cette méthode, celle de noter tout ce qui nous passe par la tête concernant nos projets.

Nous allons désormais mettre de l'ordre dans toutes ces informations et ces tâches à réaliser.

2. CLASSIFICATION DES TÂCHES

A présent, vous avez vos projets ainsi que toutes les informations associées à ces derniers. Je précise que j'écris au pluriel mais que vous pouvez faire l'exercice sur un seul projet. Vous avez donc dû lister des tâches sous vos projets. Si ce n'est pas le cas, je vous invite à le faire dès à présent.

Ensuite, pour chaque tâche, plusieurs éléments sont à prendre en compte :

- Dans quel contexte je me trouve ? C'est-à-dire quel est mon environnement et qu'est ce qui peut faciliter la réalisation de la tâche.

- Quel temps ai-je à consacrer à la tâche ?

- Combien de temps ai-je envie d'y consacrer au maximum ?

- Est-ce une tâche prioritaire par rapport aux autres ?

Cela vous permettra de mettre de l'ordre dans la montagne de choses qu'il se peut que vous ayez à faire pour atteindre votre objectif.

3. CATÉGORISATION DES TACHES

A présent, la catégorisation des tâches va vous permettre d'apporter de la clarté dans l'ordre dans lequel vous devez réaliser chaque tâche et quand.

Une tâche pourra être classée en plusieurs catégories :

- A réaliser tout de suite (concerne les tâches nécessitant moins de 2 minutes).

- A mettre dans ma To-Do-List (liste de choses à faire).

- A réaliser le plus tôt possible (urgent).

- A réaliser avant une certaine date limite.

- C'est un projet à part entière, que l'on peut appeler sous-projet, à subdiviser en plusieurs actions

- A déléguer car nous n'avons pas les compétences ou l'envie de la réaliser.

- A mettre à la poubelle car sans importance.

Note
Evitez de rajouter une catégorie « Autres » pour les tâches que vous n'arriveriez pas à classer tout de suite car ce serait la voie la plus directe à la procrastination. Prenez l'habitude de prendre des décisions. Agir maintenant, supprimer ou classer.

Je vous invite à arrêter votre lecture ici et à faire les exercices ci-dessus. Vous allez ainsi gagner en clarté et tout ce que vous allez voir par la suite aura plus de sens. En parallèle, je vous invite à réaliser toutes les tâches de moins de deux minutes et je vous garantis que la lecture de ce livre n'aura pas été vaine. Le but est que vous passiez à l'action et que vous ayez du plaisir à ressentir le travail fait et utile.

4. LA PRIORISATION DES TACHES REVISITÉES

David Allen, dans son livre, expose le fait que la priorité d'une tâche n'est pas liée à la tâche elle-même. La priorisation de la réalisation d'une tâche dépend de ces 3 facteurs :

- La concurrence entre vos tâches
  Si vous avez plusieurs tâches très importantes à réaliser au même moment, certaines se verront attribuer moins d'importance que prévu. Tout dépend donc de la concurrence à un instant « t » de chaque tâche à réaliser.

- Le contexte
  Les éléments extérieurs qui facilitent ou non la réalisation de la tâche. Si vous êtes dans un environnement propice à la réalisation de certaines tâches, profitez-en au maximum.

- Votre énergie
  Votre niveau d'énergie et de disponibilité physique et mental. Je vous réfère ici à vos cycles d'efficacité et aussi à l'écoute de votre corps qui sait précisément ce qui est bon pour vous à chaque instant.

5. PASSER A L'ACTION

Une fois que vous avez mis en place votre modèle pour gérer votre temps, vous allez pouvoir agir en fonction du type de tâche à accomplir.

LA TACHE DE MOINS DE 2 MINUTES

Premièrement, est-ce qu'une tâche en question peut se réaliser en moins de 2 minutes ? Si oui, exécutez-là tout de suite ! Ceci est un des principes très importants de cette méthode.

Le mieux est encore que vous regroupiez toutes les actions de moins de 2 minutes dans des catégories ou environnements afin de pouvoir en réaliser plusieurs à la suite.

Chaque semaine, revoyez votre *to-do-list* afin de faire le tri. Ceci se fait à un moment où vous avez un peu de temps libre afin de reboucler les actions les plus urgentes à réaliser. C'est une action primordiale à réaliser si vous voulez avancer rapidement et éviter d'entasser les tâches à réaliser.

LES AUTRES TACHES

En fonction de la priorité de chaque projet et de chaque tâche, déterminez consciencieusement quelle tâche est à réaliser et à quel moment. Vous aurez donc 3 choix une fois qu'il ne vous restera plus que les tâches de plus de 2 minutes :

- Mettre la tâche dans votre To-Do-List
  A réaliser généralement dans la journée.

- Planifier la tâche dans votre calendrier pour une réalisation ultérieur. Ce genre de tâche peut être une étape d'un projet.

- Déléguer
Si la tâche n'est pas très importante, sentez-vous libre de la déléguer pour alléger votre emploi du temps.

La méthode GTD vous permettra de vivre votre vie de façon très organisée puisque tout sera pensé et planifié. C'est une méthode rigide qui est assez facile à comprendre mais difficile à mettre en œuvre. Par difficile, j'entends qu'il vous faudra probablement plusieurs mois pour la maîtriser et l'adapter à vos besoins.

Pour aller plus loin dans la mise en application de cette méthode, je vous invite à lire le livre best-seller *S'organiser pour Réussir : Getting Things Done*, de David Allen, qui vous exposera en détail cette méthode reconnue mondialement.

Toutefois, avec ce résumé exposé ici, vous pouvez déjà commencer à apporter une certaine organisation dans vos projets et vos tâches quotidiennes. A vous de prendre ce qui vous semble pertinent.

Cette méthode a été simplifiée pour aller à l'essentiel. Il s'agit de la méthode ZTD (Zen To Done) de Léo Babauta. Elle découle directement de la méthode GTD mais elle a été assouplie et simplifiée puisque cette dernière est considérée comme trop rigide par beaucoup d'individus.

LA MÉTHODE ZEN TO DONE

La méthode ZTD est basée sur 10 habitudes à mettre en pratique individuellement. Elle vous permettra de gérer votre temps de façon assez souple tout en étant rigoureux.

1. COLLECTER LES INFORMATIONS

Vous est-il déjà arrivé d'oublier que vous aviez quelque chose à faire ? Je suppose que la réponse est oui (sinon vous êtes probablement un robot...).

Tout comme avec la méthode GTD, la première habitude à prendre dans la méthode Zen To Done est de noter toutes les tâches à faire, tous vos projets en cours, toutes les informations utiles que vous avez collectées et également toutes les idées qui vous viennent à l'esprit et que vous ne voulez pas oublier.

Note
Il est recommandé de noter sur un support unique : Bloc-notes, fichier Word, téléphone, tablette, peu importe. Le tout est de stocker toutes vos informations en un seul et même endroit (avec éventuellement une sauvegarde à un autre endroit bien sûr). Il y a des avantages au bon vieux papier et crayon du point de vue neurologique. Le fait d'écrire active des connexions neuronales spécifiques qui génèreront plus de créativité. Toutefois, je suis bien conscient que la technologie a ses avantages aussi. Je recommande tout de même de toujours avoir un carnet et un crayon avec soi et de noter tout ceci par informatique par la suite si c'est votre mode de fonctionnement.

2. TRAITER LES DONNÉES

Ici, nous allons mettre le focus sur votre boite email de réception. Vous devez bien évidemment identifier toutes vos tâches à réaliser, et pour cela, vous pouvez vous servir du modèle de la méthode GTD. Ici, nous allons regarder plus précisément les nouvelles tâches qui arrivent à vous, principalement par les emails. Mon objectif est de vous donner un fil logique à tout cela, sachant que vous pourrez aller beaucoup plus loin si vous décidez d'investir dans un livre complet sur une de ces méthodes. Afin d'être toujours efficace et avancer de façon sûre, ne laissez jamais les choses s'accumuler. Traitez votre messagerie au moins une fois par jour ou plus fréquemment si nécessaire (courriel, messagerie vocale, boîte aux lettres). Vous avez 5 choix pour prendre une décision sur chaque note déposée dans votre boîte de réception :

- Le faire si la tâche à réaliser prend moins de 2 minutes.

- Supprimer si le rapport résultat/temps est trop faible (à vous de le déterminer)

- Déléguer si la tâche n'est pas importante

- Classer si la tâche est à réaliser plus tard ou qu'elle concerne un autre projet que celui sur lequel vous travaillez actuellement.

- Planifier une tâche sur votre agenda ou votre To-Do-List.

Chaque email que vous recevez doit faire l'objet d'une action. Si vous laissez en suspens, vous prenez le risque d'entasser les choses que vous avez à faire et de ne plus vous en sortir rapidement.

Note

Je tiens à vous parler de mon expérience ici. Pendant très longtemps, j'étais du genre à laisser trainer beaucoup de choses dans ma boite email et j'avais en moyenne 150 emails non lus en permanence. Quoi de plus terrible pour encombrer le cerveau ?

En réalité, même si ceci n'est pas conscient, votre cerveau est encombré et utilise une partie de ses capacités pour gérer tout cela en permanence. Plus vous prenez l'habitude de ranger les choses, que ce soit un espace physique ou virtuel, plus vous aurez de la clarté dans votre vie. Apprenez également à supprimer ou jeter ce qui n'est plus d'actualité. On s'encombre inutilement l'existence à travers nos activités, emails, objets, et j'en passe. Tout ceci représente une pollution mentale et énergétique. Si vous donnez votre énergie à ce qui n'est plus en accord avec qui vous êtes aujourd'hui et avec vos aspirations, alors vous gaspillez vos précieuses ressources.

3. PLANIFIER SES JOURNÉES

Ici, nous sommes dans le cadre de la matrice Eisenhower que nous verrons par la suite.

Le but est de réaliser en tout premier lieu « les actions et tâches importantes », puis ce que l'on peut nommer « les tâches quotidiennes sans grande importance » et enfin « les futilités » s'il vous reste un peu de temps.

C'est avant tout de la priorisation. Ce qui est important doit être fait. Ce qui est urgent également. Le reste doit être fait si, et seulement si, les tâches importantes et/ou urgentes ont déjà été réalisées.

Note
Cette pratique est très logique et pratique. On commence parfois nos journées en faisant des futilités et en gaspillant notre énergie là où ce n'est pas pertinent. L'exemple typique est la personne qui se jettent sur ses emails pour répondre aux besoins des autres qui pourraient attendre quelques heures sans problème. En réorganisant sa façon de gérer son temps, on peut facilement allouer nos premières minutes de travail à des tâches importantes, sources de résultats significatifs pour nous. Et bien

évidemment, ceci sera une source de bien-être évident car vous vous verrez avancer dans vos projets chaque jour.

4. AGIR

La gestion du temps c'est bien beau, mais sans action, ça ne sert à rien. Et le but quand vous agissez est de vous concentrer à 100% sur la tâche que vous êtes en train de réaliser. En d'autres mots, il s'agit d'oser dire non à toute distraction ! Voici quatre règles essentielles pour avancer sans distraction sur une tâche importante :

- Fermez votre boite mail, téléphone portable et éloignez toute perturbation possible.

- Rangez votre bureau au préalable pour éviter que votre esprit prenne racine sur votre environnement.

- Utilisez la méthode *Pomodoro* (que nous verrons plus loin)

- Si vous êtes dérangé, écrivez toute demande entrante sur votre bloc-notes et revenez à votre tâche. Ne tentez pas de faire cette tâche maintenant si cette dernière n'a pas un caractère urgent.

Toutes ces règles sont du bon sens et sachez que la dispersion amène la confusion et une bien moindre productivité. Un des secrets du succès est la focalisation sur ce que l'on fait et sur ce que l'on veut. Gardez toujours ceci à l'esprit ! Ensuite, gardez toujours sous le coude des *to-do-lists* prêtes pour vous et qui vous permettent d'y voir plus clair dans vos projets. Ainsi, conservez des listes contextuelles simples :

- En attente

- Tâche à faire aujourd'hui

- Achats à faire
- Projets en cours
- Projets à venir
- Actions importantes

Vos listes doivent être les plus simples possibles et les plus compréhensibles et naturelles pour vous. Pour ce faire, déterminez des noms ou entêtes qui vous parlent. Ensuite, relisez régulièrement vos listes afin de bien faire les tâches dans le bon ordre comme vu dans le paragraphe précédent.

Note

Les exemples que je vous donne ici sont à titre d'exemples et vous pouvez vous en inspirer pour créer les vôtres. Dans tous les cas, vous devez toujours avoir en tête que cela vous soit bénéfique ! Si cela devient trop compliqué et que cela vous embrouille, c'est que vous faites fausse route ou alors que vous devez persévérez pour vous habituer à ce nouveau système. A vous de juger mais pensez toujours en termes de productivité et de bien-être, car la gestion du temps sert à cela. Vous n'êtes pas une mule qui se donne corps et âme sans prendre soin de ses propres besoins. Ecoutez ce qui fait sens pour vous et avancer en cohérence avec les règles que vous mettez en place.

5. AVOIR CONFIANCE EN SA MÉTHODE

Une fois que vous avez mis en place un système de fonctionnement qui marche et qui vous convient, faites-lui confiance. Ne cherchez pas à améliorer une méthode qui vous convient car cela vous fera perdre du temps, ce qui serait bien paradoxal. Vous pouvez toujours réfléchir à comment vous pouvez faire mieux mais dans ce cas, prévoyez une plage de temps pour cela. Le but est avant tout la productivité et de vous libérer du temps pour vous.

6. ORGANISER

Organisez tout ce qui arrive dans votre boîte de réception. À partir de là, vous les classez dans vos listes contextuelles et dans votre dossier d'actions. 3 règles essentielles à suivre dans ce point :

- Jetez tout ce qui ne vous servira pas. Ne gardez que l'essentiel

- Rangez immédiatement dans vos listes. Attendre, ou encore procrastiner, ne vous apportera qu'une source de conflits avec votre méthode.

- Nommez vos dossiers sans avoir à craindre d'en créer beaucoup.

Attention à ne pas appeler un dossier « divers » qui sera généralement un dossier que vous ne regarderez plus sur le long terme.

Note
La méthode insiste sur la boite de réception car c'est souvent elle qui mène à une surcharge de travail non négligeable. A vous de la gérer de la meilleure des façons en priorisant, en éliminant le superflu et en prenant des décisions concrètes pour avancer vers vos objectifs.

7. RÉVISER

Revoyez votre système de classement, vos objectifs et les tâches que vous avez à faire chaque semaine. Il est très important que vous gardiez un moment chaque semaine pour faire le point et voir si vous êtes en accord avec vos objectifs. N'hésitez pas à réviser vos objectifs (à la hausse comme à la baisse) à court, moyen et long terme.

Enfin, révisez :

- Vos notes pour lister les tâches inachevées et les éléments à classer.

- Votre calendrier pour voir les tâches à reporter et celles à anticiper.

- Vos listes pour vous assurer qu'elles sont à jour. Rayez les éléments terminés et vérifier les éventuels éléments à transférer de vos listes projets.

Note
Il est d'une importance capitale de toujours faire un point sur où vous en êtes et où vous souhaitez aller.

8. SIMPLIFIER

Une règle d'or ici : Ne gardez que ce qui est important !

Que ce soit vos objectifs ou vos tâches et actions à faire, ne gardez que les plus importants. Concentrez-vous sur les projets importants et les tâches à réaliser au plus vite. Si vous avez trop à faire, essayez de diminuer leur nombre drastiquement par tous les moyens possibles (poubelle, délégation, etc.). Apprenez à dire non à ce qui n'est pas important et allez à l'essentiel.

Ne collectez pas d'informations qui ne serviront pas. Travaillez utile et efficace ! Vous faites ce qui est important à un instant T et ne multipliez pas les sources d'informations.

9. INSTAURER UNE ROUTINE

Faites de vos journées une routine dans le sens où vous organisez votre temps pour faire ce qui est important. Par routine, j'entends plutôt de bonnes habitudes. Cela pourrait être de regarder votre agenda le matin et de vérifier tout ce que vous avez à faire

LA METHODE ZEN TO DON

pendant cette journée. Et le soir, d'écrire ce que vous ferez le lendemain tout en faisant un point sur la journée qui vient de passer. Ceci est une version simplifiée mais ne cherchez pas non plus trop de rigidité dans votre emploi du temps. La routine peut devenir lassante mais certaines bonnes habitudes répétées chaque jour vous seront très bénéfiques.

Note
Un juste équilibre entre discipline et motivation est toujours nécessaire. Sachez trouver des sources de satisfaction dans ce que vous faites de façon à être motivé à avancer chaque jour. Parallèlement, le fait d'instaurer une routine vous assurera de belles avancées dans vos projets. Mon conseil est également de toujours garder un espace de liberté, à la fois pour les imprévus que pour les loisirs ou extras bien mérités.

10. VOS PASSIONS AVANT TOUT

Je ne le répèterai jamais assez. Ce n'est pas l'objectif premier de cet ouvrage bien sûr mais faites ce que vous aimez faire dans la vie ! Ce qui vous attire naturellement et ce pour quoi vous vous sentez bon sont des activités que vous devez pratiquer. L'argent n'est pas une fin en soi. Faire de ses passions une priorité et s'éclater dans la vie en étant heureux en est une ! Et l'argent suivra toujours si vous êtes aligné entre qui vous êtes et ce que vous faites chaque jour. Gardez toujours à l'esprit de profiter de la vie et d'avancer dans la direction que vous désirez vraiment. Vivez vos passions et votre vie à fond tout en instaurant des bonnes habitudes qui vous propulseront vers ce que vous désirez vraiment.

EN BREF

La méthode ZTD s'applique à la fois dans un contexte personnel et professionnel et peut vous apporter beaucoup sur bien des plans.

La méthode ZTD est donc une bonne alternative à la méthode GTD. Elle reprend les mêmes principes avec plus de souplesse, ce qui convient généralement mieux à la plupart des gens. Néanmoins, si vous êtes quelqu'un de très organisé, qui aime que tout soit carré dans sa vie, la méthode GTD peut être plus adaptée à vos besoins.

En tout cas, ces 2 méthodes vous permettront de vous apporter plus de sérénité dans votre vie puisque vous contrôlerez mieux les événements qui vous arrivent. Si cela peut vous apporter plus de sérénité et de bien-être au quotidien, alors n'hésitez pas une seule seconde. Pour aller plus loin sur la méthode ZTD, vous pouvez vous procurer les livres « Zen To Done » de Léo Babauta ou encore « L'art d'aller à l'essentiel » de Léo Babauta et Olivier Roland

Une nouvelle fois, soyez à l'écoute de ce qui vous parle vraiment et mettez en place ce qui fait du sens pour vous.

A VOUS DE JOUER

Notez maintenant sur votre cahier tout ce que vous vous engagez à faire à partir de maintenant pour gérer votre temps au mieux et avancer dans vos projets sereinement.

LA METHODE NERAC

La méthode NERAC est une méthode de gestion de vos activités. Celle-ci reprend plusieurs éléments de la méthode GTD et de la méthode Eisenhower.

SIGNIFICATION DE NERAC

- N = Noter

- E = Estimer

- R = Réserver

- A = Arbitrer

- C = Contrôler

EXPLICATIONS DE LA METHODE NERAC

NOTER LES ACTIVITES A REALISER

Comme toujours, la première étape est de noter chacune des activités ou des tâches à réaliser. Ayez toujours avec vous un carnet de note et un stylo ou une technologie plus avancée vous permettant de prendre des notes.

Je vous recommande notamment de noter la veille ce que vous allez faire le lendemain. Cela vous permettra de fixer calmement ce que vous avez à faire et de ne pas vous lancer « la tête dans le guidon » dès 8h du matin sans savoir ce que vous allez faire à 8h20.

ESTIMER LE TEMPS NECESSAIRE POUR CHAQUE ACTIVITE

Afin de planifier au mieux l'exécution de vos tâches, prenez le temps de fixer la durée de chaque activité. Cette règle est valable dans la plupart des méthodes de gestion du temps.

Vous pouvez également (et je vous le recommande) estimer le retour sur investissement de telle tâche. Le temps que vous mettez à la réaliser vaut-elle le coup ?

Il se peut également que vous ne soyez pas prêt à utiliser autant de temps pour réaliser une certaine tâche. Dans ce cas, divisez la tâche ou revoyez votre plan. Si le rapport temps/résultat n'est pas à la hauteur de vos exigences, alors vous pouvez envisager de déléguer cette tâche.

RESERVER DU TEMPS POUR LES IMPREVUS

Voici un point auquel on ne pense pas toujours. Nous avons beau avoir un emploi du temps bien rempli et bien ficelé en pensant maîtriser parfaitement notre temps, si nous avons un imprévu, tout s'écroule. De là, la nécessité de prendre une marge de temps en cas d'urgence.

Calculez cette donnée comme vous le sentez. Les spécialistes préconisent souvent un quart ou un tiers de temps supplémentaire pour être serein. Il s'agit alors de prévoir une marge de manœuvre dans votre agenda en cas d'imprévus.

Par exemple, laisser de la place à l'imprévu est très bon pour notre santé émotionnelle. Cela peut vous permettre de souffler un peu, de prendre du recul, de penser à autre chose, et ainsi d'être plus productif dans vos phases de productivité.

ARBITRER PAR PRIORITE

La méthode NERAC reprend la matrice Eisenhower pour gérer les priorités. Ne vous méprenez pas, si celle-ci est réutilisée par d'autres méthodes, c'est que son efficacité a été prouvée et qu'il est recommandé de l'utiliser si l'on veut maîtriser son temps. Nous allons la voir juste après ceci.

N'hésitez pas à fixer une limite de temps à allouer pour chaque tâche. Une tâche peu importante demande, dans la majorité des cas, moins de temps qu'une tâche qui l'est !

CONTROLER LE SUIVI DES ACTIVITES

Un autre point fondamental est de contrôler le suivi de nos activités. En effet, savoir où l'on en est, est toujours une bonne chose. Il se peut que nous ayons certaines difficultés pour réaliser certaines tâches, ce qui peut nous faire prendre du retard ou encore nous faire passer à une autre activité. Il est nécessaire de bien penser à revenir sur cette dernière, et sans contrôle, c'est plus compliqué.

Contrôler le suivi des activités permet également de vérifier si nous sommes bien en accord avec les objectifs que l'on s'est fixés.

Enfin, contrôlez à la fin de chaque semaine si vous avez pu faire tout ce qui était prévu, si vous auriez pu faire plus ou encore si vous vous sentez un peu trop fatigué. Faites un bilan par rapport à tout cela et prenez les mesures nécessaires pour aménager votre emploi du temps au mieux.

Tout ceci se réfère à la notion de connaître le score. Celle-ci est essentielle dans tout projet. Si vous ne connaissez pas le score dans votre vie et dans vos activités, vous avancez à l'aveugle. Imaginez qu'un pilote de ligne ne vérifie pas le niveau de carburant de l'avion avant de décoller ? Hé bien cela fonctionne de la même façon dans vos projets. Vous devez savoir où vous en êtes, où vous allez et les ressources à votre disposition pour vous rendre à destination.

La méthode NERAC apporte quelques éléments supplémentaires aux deux précédentes. Vous avez certainement remarqué que j'ai mis l'accent sur la méthode Zen-To-Done qui méritait plus de détails à mon sens. Il est de votre ressort désormais d'appliquer ce qui vous parle et d'aller de l'avant.

Si vous avez de nouvelles notes ou idées qui vous sont venues à la lecture de cette partie, je vous invite à les noter sur votre cahier.

7 TECHNIQUES POUR BOOSTER VOTRE PRODUCTIVITÉ

Nous allons désormais nous pencher sur des méthodes axées sur la productivité. Bien évidemment, les méthodes que nous avons vues jusqu'à présent prennent en compte cette notion. Mais ce sont avant tout des systèmes ou des méthodes qui demandent du travail en amont pour fixer des règles efficaces. A présent, nous allons voir ce que je considère davantage comme des techniques pour améliorer votre productivité sur une période de temps assez courte. Ce sont donc des compléments à une vraie méthode de gestion du temps. En fonction de vos besoins, vous pouvez utiliser seulement une des techniques suivantes ou au contraire de mettre en place une vraie méthode et y associer les techniques qui vont bien. Vous l'aurez compris, le but de votre lecture est d'adopter toutes les méthodes, techniques et astuces qui vous semblent pertinentes. Rien n'est bien ou mal en soi et vous êtes la seule personne à savoir ce qui est adapté à vos véritables besoins.

LA METHODE D'EISENHOWER

INTRODUCTION A LA MÉTHODE D'EISENHOWER

Pour la petite histoire, la méthode d'Eisenhower est une technique utilisée dans l'armée. Elle a notamment connu un franc succès lors de la préparation du débarquement en Normandie !

C'est donc une technique militaire qui a fait ses preuves. Mais ne pensez pas qu'elle n'est utile que dans l'armée. Elle sera redoutable si vous la mettez en place dans votre vie de façon sérieuse.

La méthode Eisenhower est en réalité une matrice vous permettant de placer vos tâches en fonction de 2 critères :

- L'importance de vos tâches à réaliser

- L'urgence de vos tâches à réaliser

Voici à quoi ressemble cette matrice :

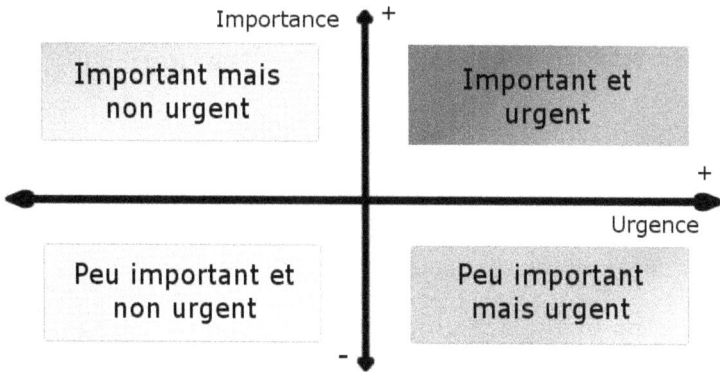

Importance +

Important mais non urgent	Important et urgent

+

Urgence

Peu important et non urgent	Peu important mais urgent

-

Nous retrouvons 4 grandes sections. Elles sont classées ici dans l'ordre où nous devons les réaliser :

- Les tâches importantes et urgentes

Vous l'aurez compris, vous devez mettre une priorité absolue à la réalisation de ces tâches-là. Vous devez les réaliser le plus rapidement possible avec un soin particulier. Ces tâches ne peuvent être déléguées.

- Les tâches peu importantes mais urgentes

Celles-ci viennent directement après les tâches importantes et urgentes. Elles peuvent être réalisées sans y passer beaucoup de temps car leur importance est moindre. Ces tâches sont typiques des tâches à déléguer mais vous devez pouvoir compter sur des personnes réactives. Pensez-y !

-   Les tâches importantes mais non urgentes

Prévoyez dans votre agenda une date limite pour la réalisation des tâches importantes mais non urgentes. Elles sont importantes et méritent toute votre attention. Néanmoins, elles ne sont pas prioritaires et peuvent être réalisées plus tard. Attention toutefois à ne pas vous laisser prendre par le temps. Si elles sont non urgentes, cela signifie qu'elles le deviendront au fil du temps.

-   Les tâches ni importantes, ni urgentes

Enfin, les tâches à faire en dernier une fois que toutes les autres ont été réalisées. En fonction de leur importance, vous pouvez les oublier ou les déléguer à quelqu'un d'autre.

MISE EN PRATIQUE DE LA MATRICE EISENHOWER

Vous devez donc classer toutes les tâches que vous aurez préalablement écrites sur un bloc-notes, les placer sur la matrice, et les réaliser dans l'ordre d'urgence puis d'importance qu'elles ont. Voici un exemple pour une activité professionnelle pour illustrer tout cela :

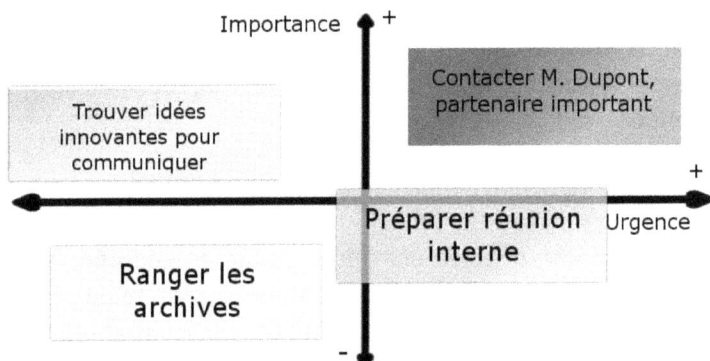

Elle peut bien évidemment être bien plus grande et plus claire que celle-ci. A vous de vous l'approprier à votre façon. Je vous invite grandement à ce que les rectangles soient des post-its. Autrement dit, si cet outil vous parle, je vous invite à l'imprimer, à le fixer sur un mur et vous coller des post-its dessus à mesure que vous avez des tâches à réaliser. C'est plutôt efficace et toujours impact d'avoir un modèle physique en place chez soi ou au bureau. Vous pouvez bien sûr faire varier les couleurs pour jouer sur l'importance et l'urgence de chaque tâche. En d'autres termes, l'ordre de chaque tâche à réaliser. Cet exemple est plutôt pour la sphère professionnelle mais elle fonctionne bien évidemment pour des utilisations diverses et variées. Vous pouvez planifier une journée type personnelle ou professionnelle avec ce genre de schéma même si la notion d'heure n'est pas présente au profit de la notion d'urgence. Ensuite, rien ne vous oblige à utiliser la matrice. J'aime beaucoup les visuels graphiques qui permettent d'avoir toutes les idées en un seul coup d'œil mais vous pouvez très bien écrire linéairement vos tâches sur une feuille également. Ce que je vous invite à faire si vous voulez aller plus vite est de couper votre feuille ou page en quatre parties égales qui représenteront chacune des catégories.

On peut également rajouter une ou plusieurs variables à cette matrice, notamment la rapidité de réalisation de chacune des tâches. Alors comment faire apparaître cela sur ce dessin ? Par exemple, en faisant varier la grosseur de chaque bulle en fonction du temps requis. Ou encore simplement avec de la couleur comme je l'ai fait pour l'importance et l'urgence des tâches sur mon exemple. Vous pouvez tout simplement surligner les idées les plus importantes de façon à les avoir sous les yeux en un coup d'œil. Je vous laisse expérimenter là-dessus. Je pense que cette matrice peut vous permettre de gagner du temps de façon considérable. La priorisation des tâches est une étape fondamentale dans tout projet et cette façon de s'organiser peut vraiment vous apporter de la clarté et plus de productivité.

LA MÉTHODE POMODORO

INTRODUCTION A LA MÉTHODE POMODORO

Je vais vous parler ici d'une des méthodes de productivité les plus simples dont vous entendrez parler dans votre vie et qui fonctionne à merveille. La méthode *Pomodoro* est une technique de productivité développée par Francesco Cirillo à la fin des années 1980. Elle consiste à se concentrer sur une seule tâche à la fois pendant une période de 25 minutes. Si vous vous pensez multitâches, vous êtes certainement dans l'erreur. Des études scientifiques ont montré que nous sommes bien plus efficaces en faisant une tâche à la fois qu'en en faisant plusieurs (hommes et femmes confondus). A vous de juger... La méthode *Pomodoro*, également connue sous les noms *Time boxing* et Méthode *Top chrono,* va vous permettre de vous focaliser sur une tâche précise en vous donnant à fond.

Note
Les éléments perturbateurs qui nous distraient sont un des problèmes majeurs dans la gestion du temps et de la productivité. Vous en connaissez probablement un bon nombre, à commencer par le téléphone et les SMS qui sont catastrophiques concernant la concentration. De façon générale, les nouvelles technologies ont tendance à nous dissiper. Ainsi, les réseaux sociaux et tout ce qui a trait à la communication peut jouer un rôle perturbateur dans notre productivité. Mais cela ne s'arrête pas là. C'est également notre environnement direct. Si vous vivez dans un endroit désordonné, l'exemple typique étant le bureau où vous travaillez, alors votre esprit aura tendance à se dissiper proportionnellement à la quantité d'éléments qui se trouvent dans votre zone de conscience. Pour aller plus loin, cela passe également par toutes les pensées qui peuvent vous tracasser à un instant donné. Cela dépasse toutefois le thème de cet ouvrage mais je vous invite également à pratiquer la relaxation et la

respiration consciente pour apaiser votre mental et améliorer votre concentration.

ALORS POURQUOI POMODORO ?

Pomodoro signifie tomate en italien. Originellement, la méthode a hérité de ce nom grâce au minuteur en forme de tomate que l'inventeur de celle-ci utilisait. Mais ce n'est pas tout ! Par la suite, il a décidé de nommer des périodes de 25 minutes : *Pomodori* (tomates en italien). Comme nous l'avons vu avec les cycles d'efficacité, plus on est concentré longtemps sur une tâche, plus notre concentration décroit. Une période de 25 minutes, soit un *pomodori*, est donc un bon compromis pour se concentrer à fond sur une tâche en étant très efficace. La méthode se présente sous la forme de 6 étapes distinctes :

1. Décider de la tâche à effectuer.

2. Régler le *pomodoro* (minuteur) sur un *pomodori* (25 minutes).

3. Débrancher toute source de perturbation possible pendant ces 25 minutes.

4. Travailler uniquement sur la tâche en question pendant 25 minutes.

5. Prendre une courte pause de 5 à 10 minutes.

6. Tous les 4 *pomodori*, prendre une pause de 15 à 20 minutes.

Bien évidemment, au préalable, vous avez votre liste de choses à faire aujourd'hui et décidez de l'importance de chaque tâche, ainsi que le temps de réalisation prévu pour déterminer l'ordre de réalisation. Lorsqu'une tâche est réalisée, vous la supprimez de la liste. Si un *pomodori* ne suffit pas à finir, reprenez 5 minutes plus tard. Pendant les pauses, changez-vous les idées. Le but ici est de vous décontracter les neurones. Bougez, sautez, allez boire un coup, discutez avec un collègue, peu importe. L'important est de se changer les idées pour repartir sur un nouveau *pomodori* de manière efficace et avec les batteries rechargées.

Note
Si vous subissez des distractions forcées, c'est-à-dire des interruptions ou des sollicitations non prévues, voici ce que vous devez faire. En aucun cas, sauf cas de force majeur, vous ne devriez mettre fin à votre activité avant la fin d'un *pomodori* ! Si, à la fin d'un *pomodori*, vous avez été sollicité pour une autre tâche à faire qui est plus importante, alors dédiez votre prochain *pomodori* à cette tâche-là. Sinon, relancez une session sur la tâche que vous étiez en train de faire, après avoir fait un mini break.

POINT FAIBLE DE LA METHODE

Cette méthode ne permet pas de gérer plusieurs tâches à la fois. Il n'y a pas de notion de temps dans cette méthode car le *pomodori* permet d'être focalisé sur le moment présent. Néanmoins, si vous avez réalisé un bon planning de ce que vous devez faire dans la journée, c'est un des meilleurs moyens pour le respecter. La méthode nécessite une discipline de soi, comme toute méthode de gestion du temps, mais elle est particulièrement facile à mettre en place et surtout, terriblement efficace ! La meilleure des solutions est d'appliquer la méthode *Pomodoro* en combinaison avec une autre. Car c'est avant tout une technique de productivité et de focalisation sur une tâche donnée. Il est donc important d'avoir au préalable sélectionné avec précision la tâche sur laquelle vous voulez avancer. En tout cas, cette technique est fantastique de par sa simplicité et la concentration qu'elle vous force à exercer sur vos tâches.

Pour aller plus loin, je vous invite à lire le très bon livre *Pomodoro Technique Illustrated*.

Note

Vous pouvez également prendre un *pomodori* tous les matins pour organiser votre journée. Cela peut faire une différence radicale sur votre productivité journalière. Soyez également inventif. De nombreux outils existent mais les applications en sont parfois illimitées. A vous de définir précisément comment vous pouvez utiliser au mieux ces merveilles à votre disposition.

Des minuteurs en ligne existent (très simple ou plus personnalisé) dont voici deux exemples :

- https://tomato-timer.com/

- http://www.minuteur-en-ligne.fr/minuteurs-pomodoro

Pour plus de "fun", vous pouvez vous procurer le minuteur réel en forme de tomate : http://amzn.to/2exsG4J

RÈGLE DES 80/20 OU LOI DE PARETO

La fameuse loi de Pareto nous dit que 80% de nos résultats sont le fruit de 20% de nos efforts. Et réciproquement, 80% de nos efforts résultent des 20% des résultats restants.

Toutefois, ayez à l'esprit qu'un résultat peut être positif ou négatif, ou autrement dit, à votre avantage ou non.

Ainsi, dans un cadre professionnel, 20% de vos clients créent 80% de vos résultats mais 20% (pas les mêmes généralement) créent 80% de vos challenges à surmonter. De même, 20% de vos employés contribuent à 80% de la productivité de votre société et 20% sont à l'origine de 80% des tracas liés à votre masse salariale.

Dans la sphère personnelle, nous sommes exactement dans le même schéma. 20% de vos activités créent 80% de votre bonheur ou de joie dans votre vie. Tout comme 20% de vos activités sont contre-productives, voire néfastes pour vous.

D'où l'importance de définir vos priorités pour maximiser les efforts qui fournissent 80% des résultats que vous désirez vraiment. Focalisez-vous alors sur ces 20% d'efforts qui vous apportent tant de bénéfices.

Les tâches moins importantes sont donc une seconde priorité et peuvent être déléguées dans certains cas. Apprenez à faire confiance aux autres, à ceux qui travaillent avec vous, vos collaborateurs, vos salariés, associés et autres. Eux aussi sont capables de faire du bon travail, d'où l'intérêt de déléguer certaines tâches, notamment les moins importantes ou qui ne nécessitent pas votre intervention. Tout le monde s'y retrouvera.

Tout ce que vous considérez comme important dans vos activités correspond aux 80% de résultat de la loi de Pareto. Ces 80%

représentent ce qui vous fait avancer dans votre vie. Cela peut être les 80% d'argent que vous gagnez, les 80% de joie que vous ressentez et globalement les 80% qui vous font avancer vers vos objectifs.

Alors focalisez entièrement votre attention sur ces éléments-là. Le reste concerne ce qui est peu important. Faites-le quand vous estimez avoir le temps nécessaire pour le faire et que ce qui est véritablement important est terminé.

En revanche, n'hésitez pas à varier vos activités pour ne pas vous embourber dans une routine. Il peut être bénéfique de faire une action moins importante qui casse un rythme qui ne vous convient pas et donc qui va vous redonner de l'énergie. Comme toujours, agissez en fonction de votre ressenti et faites ce qui vous semble le mieux pour vous, en gardant toujours un œil en direction de vos objectifs.

Il y a une habitude que j'ai mise en place dans ma vie et qui l'a transformée. C'est celle de réaliser ma priorité numéro une en premier chaque jour. Je ne fais rien d'autre que de réaliser cette tâche importante en premier lieu dans ma journée. Ainsi, je sais que même si j'ai un imprévu qui m'empêche de réaliser tout ce que j'avais prévu en ce jour, j'aurai tout de même réalisé cette tâche qui était des plus importantes et ma journée aura été productive. Autrement dit, j'avance toujours sur mes rêves et objectifs chaque jour en premier ! Je n'ouvre pas mes emails avant de réaliser cela car je sais que ce serait contre-productif et que je pourrais le regretter.

Soyez attentif à tout cela car la loi de Pareto est d'une grande sagesse. Si vous l'appliquez intelligemment dans votre vie, vos résultats s'en ressentiront. Vous vous sentirez mieux, plus heureux et aurez le sentiment et la certitude d'avancer bien plus concrètement et rapidement en direction de vos rêves et objectifs.

Si je n'avais qu'un seul conseil à vous donner, ce serait de prendre les 20% d'activité qui vous font le plus vibrer. Si vous êtes en joie dans chacune de vos actions, elles seront nourries de cette intention merveilleuse et les résultats seront de même nature ! On pense parfois devoir lutter pour réussir, c'est un mythe largement répandu. En vous concentrant sur ce qui vous fait vibrer et ce que vous faites de mieux, alors votre niveau de bonheur grimpera en flèche, tout autant que vos résultats.

A VOUS DE JOUER

Demandez-vous maintenant quels sont les 20% d'activités qui vous procurent le plus de joie dans votre vie (professionnelles mais pas uniquement). Vous vous apprêtez ici à transformer votre existence pour le meilleur !

LA MÉTHODE DU "COUPE-TRANCHE A FROMAGE"

Cette méthode a pour objectif de partager toute action en plusieurs parts. On découpe le fromage ou le gâteau en plusieurs morceaux à réaliser suivant divers plans en fonction de la tâche. Plusieurs personnes peuvent se partager le fromage et les réaliser en même temps. Ou bien chaque part doit être réalisée dans un ordre chronologique.

Le gros avantage de travailler de la sorte est de pouvoir mesurer chaque résultat et de cerner clairement la source d'un éventuel problème ou de quoi que ce soit qui pourrait faire obstacle dans le projet en question. Vous avez un bien meilleur contrôle sur ce que vous faites quand tout est partagé de façon intelligente.

Le gâteau peut alors représenter un projet, un objectif ou même un problème ou défi actuel. En le partageant, vous avez un meilleur contrôle sur le score, vous avez une meilleure vision de votre avancement et de comment cibler vos efforts.

L'idée ici est de vous donner une image parlante qui peut faire tilt en vous. Si c'est quelque chose qui vous parle, n'hésitez pas à l'utiliser dans tous les domaines de votre vie.

Vous connaissez peut-être le diagramme de GANTT qui permet de découper un projet en autant de sous-parties que nécessaire, en ayant la répartition du temps nécessaire pour chaque tâche à l'échelle du projet en question. L'idée est la même ici sans ajoutée cette notion de temps mais je vous invite à vous pencher sur le diagramme de GANTT si vous souhaitez avoir une belle clarté sur un projet. Vous trouverez de nombreux exemples sur internet dans les moteurs de recherche.

PRINCIPE DU DELAI

Ici, nous sommes dans la technique *Pomodoro*. Si nous nous imposons des délais, nous finirons mieux et plus vite ce que nous avons à faire. En situation de stress (je parle ici de bon stress bien sûr, autrement appelé adrénaline), nous sommes naturellement plus efficaces. De là, la nécessité d'être exigeant avec vous-même et de vous fixer des dates limites de réalisation dans tout ce que vous faites. Vous verrez que vous travaillerez de façon plus créative et efficace. Des projets sur le très long terme n'ont pas besoin de date limite car les choses évoluent vite dans la vie et il ne sert à rien de s'imposer des limites de temps sur un temps très long. Ce point est discutable bien sûr mais si vous décidez de mettre des dates limites sur de grands projets, de grâce, prévoyez de grosses marges sur les imprévus ! La vie ne nous donne pas toujours ce que l'on a prévu et on se doit d'être flexible sur le long terme. Mais concernant des actions ou des projets à court terme, sur lesquels vous maîtrisez tous les paramètres, alors c'est extrêmement pertinent de se fixer une date limite. C'est cela qui vous motivera et vous fera avancer vers les rêves et les grands projets que vous avez.

Note
Premièrement, souvenez-vous de l'importance de l'équilibre entre motivation et autodiscipline. Se motiver par des limites de temps est une bonne chose mais la discipline a ses limites qui sont entièrement comblées par des projets motivants et qui ont du sens pour nous. Ensuite, si la date limite passe, n'en faites pas un drame. C'est là qu'intervient de nouveau la notion de la révision. Chaque semaine, pensez à réviser vos objectifs à la hausse comme à la baisse en fonction de votre avancement et du contexte dans lequel vous évoluez. En révisant vos objectifs, vous ne serez ainsi jamais pris par le temps et si les objectifs vous sont imposés, vous pourrez expliquer calmement à vos responsables la situation.

LA COLLABORATION

L'union fait la force. Alors, pourquoi ne pas demander conseil lorsque vous avez un problème ? De la sorte, vous suscitez un support physique et émotionnel, si bien que vos collègues réagiront plus vite pour vous aider. Il est évidemment tout aussi important de gérer votre temps en équipe. Il est une erreur grotesque que de penser que l'on peut tout faire tout seul. C'est très bien de savoir faire énormément de choses par soi-même mais nous ne sommes pas plus de 7 milliards sur la planète pour rester seuls dans notre coin. Que ce soit l'aide d'un ami ou d'un professionnel, pensez toujours à l'option de pouvoir utiliser les compétences des autres. C'est en partageant que l'on avance le plus rapidement. J'ai moi-même pris part à des formations et à des coachings variés dans le développement personnel et le marketing internet pour arriver à une compréhension beaucoup plus globale et complète que j'ai aujourd'hui. Et malgré toutes les connaissances et compétences que j'utilise par moi-même aujourd'hui, je continue de me faire aider et de partager avec d'autres personnes qui visent les mêmes objectifs que moi ou qui ont déjà ce que je veux. Car c'est avec ces personnes-là qu'on avance le plus vite et le plus sûrement dans la vie.

Note
Ayez en tête que nous sommes sur Terre avant tout pour expérimenter et apprendre. Chaque expérience est bonne pour apprendre. Chaque personne peut nous apporter quelque chose. La vie est comme un échange permanent où l'on donne le meilleur de soi et la vie nous donne en retour ce qui lui semble juste de nous donner. Parfois, ce n'est pas ce qu'on attend mais l'expérience et la prise de recul nous apprend souvent que les difficultés par lesquelles nous sommes passées ont été les plus beaux cadeaux de notre vie. Soyez toujours ouvert d'esprit, prêt à échanger, prêt à donner, prêt à recevoir. Les plus grandes leçons sont parfois dans l'observation de la nature ou d'un enfant.

SORTIR LA VACHE DU FOSSÉ OU L'ART D'ACCOMPLIR CE QUI EST PRIORITAIRE

Sortir la vache du fossé, que vous inspire cette phrase ? Laissez-moi illustrer un moment de votre vie. Vous avez une réunion importante pour votre travail ce matin et vous prenez votre voiture pour vous y rendre. Habitant en périphérie, vous passez à côté d'un pré où il y a une dizaine de vaches près d'un précipice.

Tout à coup, une vache tombe dans ce dernier, vous la voyez dévaler la pente de vos propres yeux. Que faites-vous ? Continuez-vous votre chemin pour arriver en avance et pouvoir préparer au mieux votre réunion ? Ou prenez-vous le risque d'être en retard mais d'appeler du secours pour sauver la vache ?

Vous sauvez la vache ! Ceci s'appelle prioriser. En fonction de ce que vous avez à faire dans une journée, vous devez absolument prioriser ce que vous devez faire rapidement. Et cela doit également laisser place à des imprévus. Les imprévus peuvent devenir plus importants que le reste à un instant T. Vous devez être conscient de ce que vous devez vraiment faire aujourd'hui pour rester dans les bons rails. Il y a des priorités qui sont au-dessus des autres comme la Vie par exemple (même si ce n'est qu'une vache certains pourraient se dire). Voulez-vous garder sur la conscience la mort d'un animal alors que vous auriez pu le sauver ?

Si vous n'êtes pas juste et aimant dans la vie, envers la vie et envers votre environnement et les autres, ceci se retournera contre vous à un moment ou à un autre. Et cela peut être dans les affaires. Parfois, vous aurez le retour de bâton très longtemps après une action (ou une inaction d'ailleurs), parfois il sera immédiat. Votre voiture pourrait en percuter une autre et vous causer de sérieuses lésions. Vous pourriez rater votre réunion à un tel point que votre supérieur vous ferait dégager de l'entreprise aussi vite que vous y êtes entré. Pensez à tous cela. Vous devez prioriser ce qui est important, ce qui favorise votre expansion et qui répond aux lois essentielles de la nature.

Et pour cela, comme toujours, pensez avec le cœur. Soyez conscient de ce qui est vraiment prioritaire à un instant donné. Un imprévu peut se transformer en priorité, à l'image de la vache dans le précipice. Soyez toujours conscient de la priorité numéro une dans votre vie de façon à ne pas vous égarer inutilement.

Comme le dit l'adage : « *Ne remettez pas à demain ce que vous pouvez faire aujourd'hui.* ». Ou encore : « *Le meilleur moment pour planter un arbre, c'était il y a 50 ans. Le second, c'est maintenant.* ». L'art de reporter au lendemain s'appelle la procrastination, que j'ai déjà citée plus tôt. Agissez lorsque vous le pouvez. Vous regretterez instantanément votre fainéantise si vous ne faites pas ce qui était prévu initialement.

Si je vous parle de gestion du temps depuis le début de cet ouvrage, ce n'est pas pour que vous remettiez tout à plus tard. A partir du moment où vous choisissez d'agir en direction de vos objectifs et de réaliser plus dans votre vie, alors il ne vous reste plus qu'une seule chose à faire : AGIR.

On n'a rien sans rien. On récolte ce que l'on sème. Si vous ne semez rien, n'espérez pas ramasser des fraises quelques mois plus tard. Vous ne ramasserez rien du tout. Et plus vous sèmerez et sèmerez de façon intelligente, plus vous augmenterez vos chances d'avoir de superbes récoltes !

Je suis un grand adepte de cette loi de l'univers que l'on appelle loi de l'attraction. Elle m'a aidé sur bien des plans et je vous invite à lire mes livres sur le sujet si le cœur vous en dit. Une des plus grandes erreurs que commettent les personnes qui la découvre et tentent de l'utiliser à leur avantage est de penser positivement et de rester les bras croisés. Votre attitude joue pour beaucoup dans votre succès. Mais l'action est ce qui créera le changement nécessaire à la matérialisation de vos désirs. Pour illustrer cela, rien de mieux que cette magnifique et hilarante citation qui m'accompagne chaque jour : « *Un intellectuel assis ira toujours moins loin que deux imbéciles qui marchent !* ».

Alors prenez cette décision aujourd'hui de vous donner à fond dans ce que vous faites. Je vous ai présenté plusieurs méthodes en un seul petit livre que vous pouvez relire à foison puisqu'il est volontairement court ! Vous avez alors ici tout un tas d'astuces pour améliorer considérablement votre productivité !

Si tout cela vous apporte plus de confusion qu'autre chose finalement, alors je vous invite à ne retenir que les 2 techniques et principes suivants :

- La méthode Pomodoro.

- Le principe du « Agissez maintenant ».

Pour cela, vous avez besoin d'un minuteur qui peut être votre portable, votre réveil, ou encore votre propre ordinateur puisque si vous tapez minuteur sur Google vous en trouverez de très bons. Et vous aurez besoin d'une once de motivation ou d'autodiscipline.

Si vous n'êtes pas prêt à mettre en place cela dans votre vie aujourd'hui, laissez-moi vous poser cette simple question : Pourquoi lisez-vous ce livre ? Qu'espériez-vous ? Je ne vais pas venir personnellement vous taper sur les doigts si vous remettez à plus tard ce que vous pourriez faire maintenant. Je me ferais un plaisir de vous rencontrer dans les différents ateliers que j'anime majoritairement sur Lyon mais ce sera toujours pour vous apporter une motivation extérieure. La décision finale ne peut être prise que par vous et par vous seul !

Alors décidez maintenant d'agir. Prenez cet engagement avec vous-même d'améliorer votre vie, que ce soit pour vous libérer du temps libre, que ce soit pour être plus productif, que ce soit pour réaliser des rêves pour lesquels vous ne vous êtes jamais donné les moyens...

Et si tout cela n'est encore pas assez clair, alors laissez-moi résumer tout cela pour vous en 3 phrases :

- Agissez maintenant !

- Agissez maintenant !

- Et Agissez maintenant !

Je ne souhaite pas terminer cette partie sans citer cet accord toltèque qui me tient tellement à cœur : « *Faites toujours de votre mieux.* ». Ainsi, vous n'aurez jamais aucun regret. La culpabilité et le syndrome de l'imposteur disparaissent comme par magie lorsque l'on intègre ces principes transformateurs.

27 RÈGLES DE GESTION DU TEMPS ET DE LA PRODUCTIVITÉ

Nous allons à présent voir 27 règles de gestion du temps et de la productivité, issues de tout ce que nous avons vu jusqu'à présent. Voici donc 27 règles à respecter et classées en 4 parties que vous pouvez bien évidemment modifier à votre convenance pour que cette liste vous corresponde au mieux. Ces règles correspondent selon moi à tous les principes de base de la gestion du temps qui sont explicités dans ce livre. Nous pouvons toujours aller plus loin mais comme je vous le disais au début de ce livre, si vous souhaitez aller plus loin, je vous invite à lire un livre dédié à une méthode particulière. Chacune a son lot de pépites à appliquer dans son quotidien. Ecoutez votre ressenti !

ORGANISATION

1. Ayez toujours de quoi noter sur vous. Adoptez un carnet format A5 à glisser dans une poche de votre veste ou pantalon, ainsi qu'un stylo fin ou un critérium.

2. Attribuez une place à chaque chose pour éviter le désordre et n'hésitez pas à vous séparer de ce qui n'est plus utile dans votre vie.

3. Utilisez des méthodes ou techniques de gestion du temps et de productivité qui vous parlent personnellement et qui sont adaptées à vos besoins spécifiques. Et plus important encore, adaptez-les afin qu'elles soient en accord avec votre façon de vivre. Ayez confiance en votre méthode de gestion du temps. Une fois adoptée, n'en changez pas si elle vous convient. Mais soyez aussi souple car chacun évolue dans sa vie.

4. Utilisez des applications permettant d'améliorer votre organisation et votre efficacité. Je vous partage celles que j'utilise quotidiennement dans la partie Ressources à la fin du livre.

GESTION DES TÂCHES

5. Priorisez vos tâches et vos activités de façon à réaliser ce qui a le caractère le plus urgent et la plus grande importance chaque jour. Aussi, laissez-vous guider par ce que vous avez le plus envie de faire dans l'instant car vous aurez davantage d'énergie et d'enthousiasme à l'accomplir. Ce sera un gain de temps et davantage de joie dans votre vie.

6. Définissez le temps de réalisation de chaque tâche.

7. Réalisez les tâches de moins de 2 minutes en premier afin de vous alléger et d'avancer rapidement.

8. Regroupez les tâches pénibles et fastidieuses à faire quand vous en ressentez l'élan, ou à sous-traiter.

9. Focalisez-vous sur les 20% d'actions qui vous donnent 80% de vos résultats et de bonheur.

CATÉGORISEZ VOS TÂCHES.

L'important ici à mon sens est de déterminer le type de catégorisation qui vous convient le mieux, voire en combiner en fonction de votre ressenti.

10. Par temps de réalisation.

11. Par type : Personnelles (Maison, Famille, Vacances, …), professionnelles (projets, urgences, …).

12. Par importance : Vous pouvez utiliser une échelle de 1 à 10 en fonction de l'importance des tâches à réaliser.

GÉREZ LES IMPREVUS

13. Prévoyez une marge de manœuvre en cas d'imprévus de dernière minute. Ne surchargez jamais votre emploi du temps sous peine de surcharge et de stress, ce dernier étant votre pire ennemi pour votre productivité et votre santé lorsqu'il dépasse vos limites.

PRODUCTIVITÉ

14. Donnez-vous une date limite pour réaliser chaque tâche. Vous avez probablement déjà remarqué que peu importe les dates limites que l'on a, on finit souvent juste avant. Soyez ambitieux avec vous-même, imposez-vous une *deadline* proche. Autorisez-vous aussi à la dépasser si c'est plus juste sans vous juger. Cela s'appelle l'adaptabilité.

15. Analysez vos cycles d'efficacité pour travailler aux moments où vous êtes le plus performant.

16. Motivez-vous en vous fixant des objectifs qui résonnent en vous, qui vous excitent.

17. Attention à la procrastination. La procrastination est l'art de remettre au lendemain ce que l'on pourrait faire aujourd'hui. Moins vous en ferez, mieux vous vous porterez ! Rappelez-vous toujours pourquoi vous faites les choses pour ramener cette motivation en vous.

18. Attention aux chronophages. Les chronophages sont tous les éléments de votre vie qui peuvent vous prendre du temps, vous disperser. Les exemples les plus fréquents sont les réseaux sociaux, les emails et la télévision mais il en existe bien d'autres. Prenez l'habitude de limiter au maximum les

sources de distraction. Pour cela, je vous invite à installer des applications de type *Block Site sur votre navigateur afin de bloquer certains sites sur certaines périodes chaque jour. Vous pouvez ainsi vous empêcher d'accéder à vos emails ou à Facebook en dehors d'heures précises.*

19. Utilisez la méthode *Pomodoro* et procurez-vous un minuteur.

20. Ne restez jamais sur un échec. L'échec est ce qui nous fait avancer dans la vie. Vous avez échoué quelque part ? Passez à autre chose, il n'y a rien de dramatique. Tirez des leçons de vos échecs et souvenez-vous que l'échec n'existe pas pour celui qui sait où il va.

21. "Rien ne sert de courir, il faut partir à point". Il ne sert à rien de se précipiter si on est sage et prévoyant. Toute chose demande du temps. Il faut s'y consacrer autant que nécessaire, et non sous-estimer une tâche et la faire tardivement à la hâte.

22. Agissez maintenant ! Le meilleur moment pour planter un arbre, c'était il y a 50 ans. Le second, c'est maintenant.

CONTRÔLE

23. Fixez-vous des objectifs en termes de résultats et de temps passé sur vos tâches.

24. Contrôlez vos résultats. Soyez conscient du score chaque jour, c'est-à-dire d'où vous en êtes par rapport à votre destination.

25. Vérifiez que vos actions et vos résultats sont bien en accords avec vos objectifs initiaux, sinon rectifiez le tir.

PLAISIR

26. Quelles sont les activités qui me font vraiment vibrer ? Prenez votre To-Do-List et focalisez-vous sur ce que vous avez vraiment envie de faire, ainsi que ce qui est urgent, et déléguez le reste.

27. Prenez un temps de repos, de recentrage ou de méditation avant d'agir afin d'être pleinement présent et vivant dans l'action que vous faites.

A VOUS DE JOUER

Relisez les 27 règles ci-dessus ainsi que les différents principes évoqués et surlignez toutes les règles qui vous parlent et que vous allez mettre en place dans votre vie. Et si vous en avez d'autres qui vous viennent en tête, notez-les maintenant. D'une façon générale, la question que je vous pose maintenant est « Qu'est-ce que vous vous engagez à faire à partir d'aujourd'hui ? ». A votre stylo !

LA MISE EN PRATIQUE FACILE

A présent, je souhaite vous amener à pouvoir vous projeter tout de suite. Vous avez déjà certainement noté quelques idées intéressantes à mettre en place. Je vais vous partager dans cette partie les outils, les applications et les équipements que j'utilise personnellement dans mon quotidien car ils sont faciles, structurants et développement la créativité.

LES OUTILS INFORMATIQUES ESSENTIELS POUR GÉRER SES PROJETS

PINTEREST OU PEARLTREES

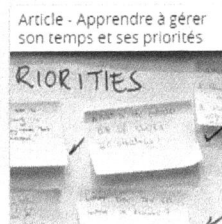

Pinterest et Pearltrees sont deux réseaux sociaux qui fonctionnent, l'un à base d'image, l'autre à base de perles. Ils permettent de regrouper autour d'un même thème de nombreuses idées. Je trouve cela génial car vous recevez des suggestions sur les thèmes que vous avez et vous pouvez vous construire une mine d'or d'idées pour vos projets. Si vous avez pour projet de construire une nouvelle maison, vous pouvez regrouper des idées autour de tous les thèmes qui touchent à votre maison de façon structurée et inventive.

TRELLO

Isolation ···	Materiaux ···
▬▬▬	Checker taux vibratoire des matériaux de construction et le énergies/éléments associés
Thermique	
Isolation extérieure plus pertinente généralement car fait gagner de la place	▬▬▬ Chanvre
L'isolation doit garder le chaud en hiver et le froid en été	Voir site Cabestan et Association Construre en chanvre
Guide des matériaux isolants	https://maisonenchanvre.com/

Dans la même dynamique de structurer des idées autour d'un projet, Trello est particulièrement efficace et vous pouvez partager vos tableaux avec vos amis. La différence ici est que c'est beaucoup plus cerveau gauche, très structuré et très carré. Je l'utilise beaucoup pour structurer des projets lorsque cela ne nécessite pas d'inspiration et d'images bien que potentiellement on puisse tout inséré mais c'est moins intuitif sur ce plan-là.

LE MIND-MAPPING OU CARTES HEURISTIQUES

Source : https://www.flickr.com/photos/zipckr

Le mind-mapping permet de structurer des idées autour d'une idée centrale à partir de laquelle se déploient différentes branches. Vous pouvez y mettre des mots, des idées, des images, faire des liens entre les différentes branches. C'est un magnifique outil créatif permettant de structurer des projets personnels et professionnels. J'aime particulièrement l'outil Mindomo que l'on peut utiliser gratuitement jusqu'à 3 mind-maps.

LES APPLICATIONS QUI ME SERVENT QUOTIDIENNEMENT

Si vous êtes comme moi, vous adorez les applications qui servent à la fois la productivité mais aussi la présence à soi et donc facilitant l'action dans la légèreté. Je ne suis pas une bête de travail et j'aime profondément être ultra efficace sans y passer beaucoup de temps. Voici quelques applications que j'utilise et qui ont changé mon quotidien.

L'APPLICATION EVERYTHING

Cette application permet de trouver très facilement n'importe quel fichier sur votre pc.

LAUNCHY

Cette application vous permet de lancer n'importe quel logiciel sur votre ordinateur en tapant simplement son nom ou quelques lettres. Cela vous évite d'avoir à chercher le .exe ou l'icône sur votre bureau surchargé.

L'APPLICATION DITTO

Celle-ci enregistre les différents copier-coller que vous avez fait et vous permet de les utiliser de nouveau en un clic.

CALMLY WRITER

Si vous êtes auteur ou blogueur, cette application permet de vous mettre en mode zéro-nuisance extérieure, vous avez un bel écran blanc devant vous et quelques options simples de formatage. Il permet un focus exceptionnel dans mon expérience.

BLOCK SITE

Une application pour bloquer certains sites pendant certaines périodes de temps et ainsi éviter la distraction. Par exemple, vous pouvez configurer l'ouverture de Facebook seulement entre 18h et 20h et c'est tout. Impossible d'y accéder en dehors de cet horaire à moins d'aller dans le logiciel et de le reconfigurer.

EVERNOTE

C'est un must pour sauvegarder des pages-web ou des notes au même endroit et dans des catégories définies. Vous pouvez les retrouver sur vos différents appareils à partir de votre compte.

THE GREAT SUSPENDER

Une application pour désactiver les onglets internet dont vous ne vous servez plus vous permettant de gagner des ressources et de couper les distractions.

JING

Cette application permet de capturer des images ou une vidéo en screencast (filme votre écran). C'est extrêmement simple d'utilisation et facilite la vie.

VIDEO SPEED CONTROLLER

Si comme moi, vous avez trop de vidéos à regarder et que vous êtes frustré de ne pas pouvoir les accélérer quand c'est hébergé autre part que sur Youtube, cette application fait le job pour vous et insère un bouton permettant d'accélérer n'importe quelle vidéo de n'importe quel site.

MAJUSCULES ACCENTUÉES

Cette application toute simple vous permet de copier-coller les majuscules avec accent. Ça peut servir et ça vous évite de faire une recherche internet chaque fois que vous en avez besoin.

LES ÉQUIPEMENTS PHYSIQUES ET PRATIQUES INDISPENSABLES

Ici, je souhaite mettre en avant l'importance d'avoir des supports physiques pour vous permettre de gérer votre temps du mieux possible. Certaines personnes peuvent tout dématérialiser et c'est tant mieux. Je crois personnellement fort dans le fait d'écrire à la maison et de poser les choses dans la matière. Cela renforce clairement la volonté d'agir et l'engagement dans mon expérience. Alors voici plusieurs idées d'équipements que je vous recommande chaudement d'avoir avec vous.

LE CADRE ANNUEL

Premièrement, c'est d'avoir un simple tableau ou cadre annuel vous donnant les grandes lignes de votre année en cours. Idéalement, vous créez ce tableau en début d'année. Il doit contenir au minimum :

- Votre objectif principal, éventuellement un secondaire. Exemple : Générer 150k€ dans mon activité.

- La façon dont vous souhaitez atteindre cet objectif. Par exemple : J'atteins ces objectifs dans la Joie et la Fluidité, en accord avec la Vie et en toute Bienveillance avec le

Cœur grand ouvert. Cet argent arrive à moi avec beaucoup d'Amour et de Bienveillance.

- Une ou deux grandes décisions pour cette année en ce qui concerne qui vous voulez être et éventuellement ce que vous voulez accomplir. Par exemple : Je décide d'être un être Lumineux, pleinement Vivant, Joyeux, et libre de toute attache, lien, blessure.

- Enfin tous les engagements que vous prenez avec vous-même afin d'accomplir vos objectifs. Cela peut être des pratiques quotidiennes ou des engagements à faire certaines choses régulièrement ou agir d'une certaine façon.

Ceci est profondément puissant. Depuis que je fais cela dans ma vie, chaque année est une révolution par rapport à la précédente car des objectifs ambitieux ont été posés en harmonie avec ce que je ressens juste au plus profond de moi. Lorsque vous posez cela concrètement, vous prenez le risque d'avoir la surprise de concrétiser vos projets les plus fous.

M3 JOURNAL

Ensuite, un journal de type *Bullet Journal* ou *M3 Journal*. Je n'utilise que le second qui est considéré comme la nouvelle génération du *Bullet Journal*. La force de ce carnet est de vous organiser jour par jour mais aussi semaine par semaine et mois par mois. Vous avez l'opportunité de faire un point sur vos tâches et projets en cours chaque semaine et chaque mois. Le grand plus de la gestion quotidienne est que vous repartez d'une page blanche chaque jour et que votre To-Do-List est donc dynamique. Cela vous donne ce que j'aime appeler une To-Do-List perpétuel. A mon sens, une To-Do-List ne devrait jamais finir car vous l'enrichissez à mesure que vous avancez sur vos projets. Si ces projets sont alignés et en résonnance avec ce à quoi vous aspirez, alors cela reste toujours une joie d'avoir à avancer sur ces derniers.

UNE TO-DO-LIST PERPETUELLE

Avec toutes les théories qui existent sur comment gérer au mieux sa To-Do-List, mon expérience a laissé s'exprimer la version perpétuelle. Cela va en lien avec le *M3 Journal* et le *Do-It-Tomorrow* qui amène à dédramatiser le fait de ne pas accomplir toutes les tâches de la journée et de les reporter au lendemain. Le principe est simple : Vous avez un cahier avec votre To-Do-List que vous reportez chaque jour sur une nouvelle page avec ce qu'il reste à faire de la veille et les nouvelles tâches venues. Ainsi, vous ne finissez en théorie jamais votre To-Do-List. Vous savez toujours ce que vous avez à faire et voyez vos progrès de jour en jour. C'est simple comme bonjour et cela décuple la productivité. En tout cas, c'est mon expérience et je vous invite vraiment à lui donner sa chance.

LE PAPERBOARD

Un autre équipement intéressant est le paperboard. Il est un outil magique pour créer et organiser vos idées. L'idée est de pouvoir à la fois recommencer très facilement et c'est un outil sur lequel on n'a pas peur de gribouiller, de tester, d'imaginer et c'est un amplificateur de créativité. Les feuilles détachables peuvent être collées au mur le temps d'un brainstorming ou d'un mastermind et je trouve cet outil très ludique, facile d'accès et fédérateur. Je l'utilise qu'en des occasions précises et j'ai choisi une version sans chevalet, je bricole ce dernier avec les moyens du bord quand j'en ai besoin et ça m'évite que ça prenne trop de place le reste du temps.

Voilà donc tous les outils, applications et équipements que j'utilise personnellement dans mon quotidien, laissez-vous tenter par ce qui vous parle maintenant et laissez le reste. Bonnes découvertes et expérimentations !

MA JOURNÉE-TYPE

Beaucoup de personnes m'ont également demandé de leur partager ma journée-type à titre d'inspiration. La gestion du temps est un sujet vraiment profond. A mon sens, son essence réside dans le fait que tout puisse être fluide sans prise de tête. Cela signifie avant tout de se laisser porter par ses élans du cœur tout en utilisant son mental pour diriger nos différentes actions. L'image que j'aime utiliser pour illustrer cela est le voilier dont la voile est l'énergie du cœur, la passion et la fougue, qui permet d'avancer et d'aller très loin, tandis que le gouvernail est l'énergie du mental qui permet d'aller là où l'on souhaite aller avec sagesse. Sans voile, vous n'avancerez jamais bien loin et sans gouvernail, vous risquez de vous écraser sur les rochers. Chacune de mes journées est basée sur ce principe de vie et voici les grandes lignes et exercices que je vous invite à intégrer dans votre quotidien si vous le ressentez juste.

LE MATIN

Je me lève entre 4h et 10h sans réveille-matin à moins d'avoir un rendez-vous important pour me sécuriser. C'est très variable en fonction de mon énergie du moment. Dès mon réveil, je vais dans mon jardin pieds nus afin de me connecter aux énergies naturelles pour bien commencer la journée. Je prends quelques minutes pour me connecter en profondeur à moi-même et m'éveille dans cette douceur.

Ensuite, je bois de l'eau ou une boisson chaude comme un thé/infusion ou encore un citron pressé avec de l'eau tiède afin de continuer le travail d'élimination des toxines du corps pendant la nuit. Je ne prends jamais de petit-déjeuner et ne mange jamais avant midi.

Mes rendez-vous étant souvent en lien avec l'énergétique, je favorise le matin et si je n'en ai pas, je vais avancer sur des projets personnels comme l'écriture d'un livre, le tournage de vidéos ou encore l'avancée sur des projets stratégiques. J'évite de regarder ma boite email et les réseaux sociaux avant 13h

Chaque matin avant de commencer, je regarde ma To-Do-List perpétuelle que je remplis chaque soir avant de me coucher. Je me demande ensuite « *Qu'est-ce que j'ai vraiment envie de faire aujourd'hui ? Qu'est-ce qui me ferait vraiment vibrer et me procurerait de la Joie aujourd'hui ?* ». Je n'ai aucune frustration à avancer sur un projet différent d'un jour à l'autre car je me laisse porter par mes élans de cœur.

En fin de matinée, je fais toute une série d'exercices énergétiques de type Yoga ou Qi Gong ainsi que des exercices sportifs et des étirements avant de généralement savourer un repas léger et dynamisant.

TOUT AU LONG DE LA JOURNÉE

Je fais des pauses très régulièrement afin de me ressourcer. Je marche régulièrement, m'étire, me change les idées afin de ne pas me surcharger les neurones. Je mets beaucoup d'importance à rester en mouvement régulièrement pour rester en énergie. Je mange peu la journée pour ne pas donner toute mon énergie à la digestion.

Je prends le temps de me reposer si j'en ressens le besoin. Mon agenda me laisse toujours au moins un espace de 30 minutes pour faire une sieste ou une méditation afin de me ressourcer. Dans l'idéal, je passe un peu de temps dans un parc où je peux même avoir des clients au téléphone.

AVANT DE DORMIR

Premièrement, j'enrichie ma To-Do-List de façon à ne rien avoir en tête à ressasser pendant la nuit. Si en posant ma tête sur l'oreiller, j'ai le cerveau qui fonctionne, alors je prends un cahier et note tout ce qui me passe par la tête afin de me libérer.

J'attends d'avoir sommeil pour aller me coucher et je ne m'endors jamais énervé ou frustré. Je prends un moment pour me remémorer une dizaine de choses qui se sont passées pendant la journée et pour lesquelles je peux avoir de la gratitude ou de la joie, mais aussi toutes les avancées dont je suis fier. Vous pouvez aussi faire cet exercice par écrit.

Si j'ai fait des choses qui me chagrinent ou que j'ai mal réagi à une situation, j'en prends pleinement conscience, l'accepte avec bienveillance et m'engage à faire de mon mieux pour que ça ne se reproduise plus.

Ensuite, je demande à mon corps par intention que chacune de mes cellules se régénère à la perfection pendant cette nuit et que je me lève au meilleur moment pour moi en pleine forme.

ET SI VOUS ÊTES SALARIÉ

Evidemment, mon exemple est lié à mon activité d'indépendant libre de son temps. Toutefois, j'ai aussi vécu plusieurs années où j'ai construit mon activité en parallèle de mon emploi salarié. Je ne peux que vous inviter à tendre vers l'indépendance car le salariat est une prison de plus. Nous pouvons tous vivre libres en exprimant naturellement ce pour quoi l'on est fait. Nous n'avons pas besoin de multinationales avec des milliers de salariés, ni même de petites entreprises. S'associer entre êtres humains pour œuvrer dans un but commun est parfait mais ne devrait à mon sens pas être basé sur une hiérarchie. Toutefois, dans une phase de transition, je prenais moi-même le temps d'avancer sur mes projets. Premièrement, je me levais une heure plus tôt que nécessaire (avec un réveille-matin à cette époque) afin de faire quelques exercices physiques ou énergétiques et surtout avancer sur mes projets de cœur. Je dois bien avouer que j'étais aussi très efficace dans mon travail salarié, ce qui me permettait d'avancer sur mes projets personnels discrètement de temps en temps pendant la journée. Puis je profitais de longues soirées où je réservais au moins une heure de plus à mes projets. Je me réservais 7h de sommeil pour être en forme avec mes suggestions avant de dormir, et j'ai pu ainsi créer mon activité tout en prenant soin de moi et de mes besoins

Beaucoup de personnes se sentent dépassées dans leur vie, courant après le temps qui semble les fuir. C'est avant tout une philosophie de vie. Je vous invite d'ailleurs à imaginer chacune de vos journées si vous pouviez les organiser comme vous le souhaitez afin qu'elles répondent à chacun de vos besoins et à toutes vos envies. A quoi ressembleraient vos journées ? Faites cet exercice qui peut s'avérer transformateur sur de nombreux plans

UN DERNIER POINT A SAVOIR ET NON LE MOINS IMPORTANT

Gérer son temps est une bonne chose puisque cela vous permet de vous libérer du temps pour des activités qui vous tiennent vraiment à cœur. Et cela vous permet simplement d'être plus productif et ainsi d'être plus fier de vos accomplissements.

Néanmoins, vous devriez toujours avoir à l'esprit le point suivant : le seul moment dont vous disposerez toujours est le moment présent. C'est maintenant ! Ce n'est pas une seconde auparavant ni une seconde dans le futur, c'est maintenant.

La plupart des gens qui gèrent leur temps de façon très scrupuleuse ont tendance à oublier de vivre. Ils sont tellement focalisés sur le fait de faire toujours plus qu'ils en oublient de déguster la vraie valeur de la vie qui se trouve ici et maintenant.

C'est en vivant dans le moment présent que vous pourrez accomplir beaucoup. En réalité, quand nous regardons la méthode *Pomodoro*, cette dernière permet justement de se focaliser sur l'instant présent pour une courte période. Et c'est en cela que cette méthode est géniale ! Lorsque vous êtes pleinement concentré sur ce que vous faites, il n'y a plus de soucis prenant racine dans le passé ou de doute lié au futur. Vous êtes, tout simplement. Vous vivez dans l'instant présent et vous pouvez ainsi accomplir bien plus de choses que si votre mental se baladait dans le passé et le futur.

Encore une fois, gérer son temps est quelque chose de très bénéfique mais je vous invite à le faire de façon intelligente. Evitez de foncer tête baissée en appliquant une méthode qui va vous prendre la tête plus qu'autre chose. Le but du jeu n'est pas de courir après le temps mais de mieux apprécier chaque moment grâce à une productivité accrue.

Quand vous mettez en place un système de gestion du temps qui vous convient, c'est que vous vous sentez bien. Et si vous vous sentez bien, c'est que vous avez réussi à mettre de côté les distractions et que vous agissez en pleine conscience.

Ce sujet du moment présent rentre pleinement dans la gestion du temps et je suis intimement convaincu que c'est une composante essentielle pour se sentir bien et être plus productif. Car votre état d'esprit joue énormément sur votre productivité. Vous pouvez avoir toutes les meilleures méthodes du monde, si vous vous sentez mal, rien de bon ne vous arrivera. Vous piétinerez quels que soient les outils que vous mettez en place dans votre vie. Et vous trouverez toujours matière à voir le verre à moitié vide alors qu'il déborde certainement d'abondance !

J'espère que ce principe du moment présent vous parle et que vous en êtes pleinement conscient. Le seul instant qui existe est le présent. Et le seul pouvoir que vous avez pour améliorer votre vie future est d'agir maintenant.

Nous arrivons au terme de ce livre et je souhaite vous partager une histoire qui a un sens très important selon moi. La morale est brillante et je suis certain qu'elle vous poussera à vous poser quelques bonnes questions dans votre vie. Je vous partagerai ensuite une journée-type pour moi bien que rien ne soit figé, avec des exercices que vous pourrez intégrer dans votre quotidien et qui pourraient bien vous apporter ce que vous êtes venu chercher ici.

L'HISTOIRE LA PLUS INSPIRANTE AU MONDE SUR LA GESTION DU TEMPS

Cette histoire est relativement connue. Je vous invite à vous replonger dedans si vous la connaissez déjà et à vous inspirer de la morale qui est profondément inspirante. Voici l'histoire...

Un jour, un vieux professeur fit une intervention sur la gestion du temps à l'occasion d'un séminaire réunissant les plus brillants cerveaux d'entreprises du monde entier. Il avait 15 minutes de présentation à faire qui furent... déroutantes !

Arrivé le jour de la présentation, devant plus de 100 personnes les yeux tournés vers lui au centre de l'amphithéâtre, le vieux professeur commença par un regard circulaire de la salle. Il les regarda paisiblement et lentement puis leur annonça : « Nous allons faire une expérience ». Monsieur savait de toute évidence attirer la curiosité...

De son cartable en cuir, il sortit un bocal ressemblant à un bocal de chimiste se terminant par un goulot, puis, avec un geste lent, il y plaça à l'intérieur, un par un, des cailloux gros comme des balles de tennis. Quand le bocal fut rempli de cailloux, il se tourna vers la salle en haleine et demanda : « *Le bocal est-il plein ?* ».

Tous répondirent sans hésitation par l'affirmative.

Et le vieux professeur ajouta : « Vraiment ? ».

Alors, il replongea vers son cartable en cuir pour en extraire un sac de gravier qu'il versa dans le bocal jusqu'à ras bord. Et il demanda à nouveau : "*Le bocal est-il plein ?*"

Cette fois, la brillante assemblée ayant compris le sens de la démonstration répondit : « *Probablement que non !* ».

Puis cette fois, il sortit de son cartable un sac de sable qu'il vida pour remplir le bocal et demanda à nouveau si le bocal était plein. Le doute était de mise dans la salle. Certains dirent oui sans être vraiment convaincus de leur réponse.

Le conférencier saisit alors la carafe d'eau posée sur la table de conférence et il versa l'eau jusqu'à ras bord du goulot dans le bocal.

L'expérience terminée, le professeur leva les yeux sur sa brillante assemblée et posa la question : « *Qu'est-ce que j'ai voulu vous démontrer à travers cette expérience ?* ».

Parmi les chefs d'entreprise présents, l'un d'eux prit la parole et dit : « *Vous venez de nous démontrer que, même si notre emploi du temps parait déjà très plein, nous pouvons encore et encore le remplir, avec le gravier, le sable et l'eau pour être plus performants.* ».

Une réponse plutôt pertinente à vrai dire.

Avec un doux regard malicieux, notre vieux professeur se contenta de dire : « *Ce n'est pas ce que j'ai voulu démontrer. Alors, qu'est-ce que j'ai démontré ? Voulez-vous le savoir ?* ».

Grand silence dans toutes les rangées de l'amphithéâtre, chacun ayant l'impatience de connaître enfin le pourquoi de cette étrange expérience.

« *Ce que j'ai voulu vous démontrer, c'est que, si je n'avais pas placé les gros cailloux d'abord, jamais je n'aurais pu tous les mettre dans le bocal.* ».

Devant l'évidence de cette réalité, se fit un profond silence dans la salle.

Et le vieux professeur de conclure :

« Et vous, dans votre vie, quels sont vos gros cailloux ? Votre entreprise, votre famille, réaliser vos rêves ou encore autre chose ? Et que faites-vous de vos gros cailloux sur votre agenda ? »

Et sous un tonnerre d'applaudissement, le vieux professeur quitta la salle, faisant une belle démonstration de vie avec pas grand-chose.

DÉCRYPTAGE DE L'HISTOIRE

Les pierres représentent toutes les choses importantes de notre vie qui sont comme des piliers. Sans ces éléments, nous ne serions pas qui nous sommes car ils sont les fondements de notre vie. Ces grosses pierres peuvent être :

- Nos valeurs personnelles.

- Nos relations : notre partenaire, notre famille, nos enfants, nos amis.

- Nos passions, nos rêves et nos talents personnels

Si rien d'autres n'existaient, votre vie serait tout de même remplie grâce aux grosses pierres.

Le gravier représente les autres choses non indispensables mais tout de même importantes comme :

- Notre emploi actuel (sauf si c'est une passion !).

- Nos biens matériels comme notre maison et notre voiture, téléphone, etc.

- Nos centres d'intérêt, nos loisirs.

Le sable, quant à lui, représente tout le reste, toutes les petites choses sans importance mais qui remplissent également votre vie. Imaginez le temps que vous pouvez passer sur Facebook ou à glander devant la télé. Voilà 2 exemples qui peuvent représenter très peu en termes de résultats dans votre vie.

La grande morale de l'histoire est que si vous commencez par remplir le bocal avec du sable, il n'y aura de place pour rien d'autre. La même chose est valable pour votre vie : si vous dépensez trop de temps et d'énergie sur les petites choses, il n'y aura plus de place pour les choses importantes.

Demandez-vous alors ce qui compte vraiment pour vous dans votre vie et donnez-leur toute votre attention. Ce qui compte pour vous, ce sont les grosses pierres. Et vous devez leur donner une priorité maximum. Le reste ne sont que des graviers, du sable ou de l'eau : c'est-à-dire pas grand-chose par rapport à ce que sont les grosses pierres dans votre vie.

Les gros cailloux nous ramènent également à nos valeurs profondes et à la place que nous leur donnons réellement dans la gestion quotidienne de notre temps.

Vivons-nous en accord avec nos valeurs profondes ? Notre vie est-elle cohérente ? Vivons-nous la vie que nous souhaitons vivre ? Ou sommes-nous isolés dans un monde où les règles ne sont pas instaurées par nous-mêmes ?

Le premier pas est de prendre conscience de cet écart et le deuxième serait de mettre une stratégie en place pour palier à ce problème. Car oui c'est un problème. Nous sommes dans le cas de la loi Pareto ici. 20% de ce que l'on fait nous apporte 80% de notre bonheur.

Prenez-soin de vos grosses pierres et faites tout pour que ces 20% soient au centre de votre vie.

Vos grosses pierres peuvent être à la fois les choses les plus importantes dans votre vie et tout ce qui vous caractérise : votre savoir-faire, savoir-vivre et savoir-être. Ne sous-estimez pas l'importance de prendre soin de vous, des personnes que vous aimez et de vos rêves. Ce sont ces éléments-là qui peuvent véritablement vous apporter une vie épanouissante où vous vous sentez bien et à votre place.

Apprenez à repérer tous ces éléments de votre vie et mettez-y une priorité absolue ! Blindez votre emploi du temps de vos grosses pierres et faites de votre vie un rêve éveillé ! Car tant que vous ne serez pas aligné avec vous-même, en accord avec vos valeurs profondes, vous ne pourrez obtenir ce que vous voulez et comme vous le voulez.

Mon avis personnel est que gérer son temps ne représente pas que des aspects pratiques ou techniques et que c'est surtout l'art d'apprendre à se comporter de la bonne façon. C'est l'art d'être et d'agir en fonction de qui l'on est vraiment et de ce que l'on veut. A partir de là, tout nous est ouvert et des méthodes simples peuvent nous amener à de très hauts sommets.

L'ESSENCE DE LA GESTION DU TEMPS

Je ne pourrais clore ce livre sans parler de ce qui m'anime vraiment à travers l'écriture de cet ouvrage. Vous pouvez mettre en place toutes les méthodes et techniques que vous souhaitez, mais l'objectif au bout du compte est de vous sentir bien dans vos différentes activités.

De façon ultime, vous n'avez pas besoin de tout ce qui est présenté dans ce livre car vous pouvez vivre de façon inspirée. Si vous vous levez chaque jour avec l'envie d'avancer et la passion d'agir pour ce qui vous fait vibrer, alors vous n'avez pas besoin de méthode. La gestion du temps est souvent pratiquée par les personnes qui veulent accomplir ce qu'il leur est difficile de faire. C'est pourquoi je vous invite à cultiver la passion en votre cœur. Vous pouvez vous aider de techniques simples à mettre en place mais mon but n'est pas de vous amener à apporter de la lourdeur dans votre vie. Chacun fonctionne différemment bien sûr et vous pourriez trouver votre compte dans le fait de mettre en place un système complet de gestion du temps. Toutefois, et c'est vraiment là mon expérience sur le chemin de la liberté qui parle, lorsque vous faites chaque jour ce qui vous anime au plus profond de vous, alors vous agissez et accomplissez bien plus que si cette passion n'y est pas et que vous luttez pour avancer. C'est dans l'action inspirée que vous trouverez ce détachement et cette liberté d'être.

C'est pourquoi je me pose la question chaque matin de ce que j'ai vraiment envie de faire en cette journée. Je sais que vous vous dites peut-être que c'est utopique et qu'il faut bien gagner sa croute. J'ai mis en place plein de pratiques et de modes de vie différents pour savoir et intégrer que ce n'est pas ce que je fais ou comment je le fais qui compte, mais bien l'énergie dont je nourris chacune de mes actions. Si j'accomplis quoi que ce soit dans une énergie de frustration, je récolte les fruits de ma frustration. Accomplir une petite action ou un grand projet dans la Joie procure déjà cette joie qui est un merveilleux cadeau, mais aussi de grands résultats. La vie n'est pas là pour nous mettre des bâtons dans les roues. Elle nous en met seulement si l'on n'est pas à notre place et que l'on cherche à forcer les choses.

Ce livre a évolué depuis sa première version. J'ai reçu des commentaires négatifs que j'ai reçus avec beaucoup d'admiration pour ces personnes qui osent exprimer ce qu'elles ressentent. Ainsi, j'ai souhaité vous présenter un message de cœur qui va bien au-delà de la gestion du temps, ou qui permet plutôt d'en toucher l'essence. La meilleure des gestions du temps est à mon sens celle qui donne davantage de liberté qu'elle n'enferme. Pourtant, combien se retrouvent enfermés dans trop de rigidité ? On construit souvent les murs de sa propre prison. Personne ne nous oblige à faire tous les choix que l'on fait bien qu'on puisse se donner l'excuse du « je n'avais pas le choix ». Si justement, on l'a tous et à chaque instant ce libre-choix. Alors qu'allez-vous mettre en place après la lecture de ce livre ? Allez-vous fortifier les murs de votre prison et vous accorder davantage de liberté ? Je vous souhaite du plus profond de mon cœur de trouver ce qui vous fait vibrer et votre place dans la société. Ainsi, la passion vous poussera à agir, à créer et à offrir toujours davantage au monde qui vous entoure.

CONCLUSION

Cette belle histoire sur la gestion du temps et des priorités, ainsi que ma journée-type personnelle, viennent donc clore ce livre. J'espère vous avoir fait découvrir de nouvelles méthodes à appliquer dans votre vie, et peut-être une vision différente de comment vivre votre vie.

Le temps nous est précieux à tous. Si vous souhaitez aujourd'hui gagner en qualité de vie, je vous conseille de mettre en place toute méthode ou technique qui vous permettent de vous sentir mieux au quotidien. Vous pouvez tout à fait les adapter à vos propres besoins pour qu'elles vous conviennent véritablement.

Désormais, il existe des outils très efficaces pour améliorer notre vie et la gestion de notre temps. Nous pouvons commencer avec les Smartphones et les tablettes. Facilement transportables et facilitant la prise de note, ils sont devenus quasiment indispensables dans notre vie.

De fait, vous pouvez trouver des applications sur l'Apple Store et sur l'Android Store pour améliorer votre prise de note, vos rendez-vous, la réalisation de vos tâches, etc.

Un petit mot également sur la prise de note écrite qui a bien des avantages par rapport au numérique. Les études montrent que l'on retient bien mieux des notes écrites à la main que sur ordinateur. Ne jetez donc pas à la poubelle votre carnet et vos stylos, et en avoir sur soi en permanence est un vrai atout.

Souvenez-vous également que le moment le plus précieux qui soit est ici et maintenant. Prenez soin de vous. Prenez soin des autres. Prenez soin de vos rêves. Et faites toujours de votre mieux, donnez le meilleur de vous-même et faites toujours votre maximum pour vivre la vie que vous devriez vivre, c'est-à-dire celle qui vous ressemble et répond à vos aspirations profondes.

J'espère que ce voyage vous aura été bénéfique et que vous repartez avec de belles clés à appliquer dans votre vie. Vous pouvez me retrouver sur mes différents sites ainsi que sur ma chaîne Youtube avec plusieurs nouvelles vidéos par semaine pour votre développement personnel et spirituel.

Je vous invite à me faire retour en commentaire sur Amazon si vous avez aimez le livre et vous remercie du fond du cœur d'être arrivé jusque-là. En remerciement de votre témoignage, n'hésitez pas à m'écrire par email et je me ferai une joie de répondre à vos questions spécifiques.

UNE CITATION INSPIRANTE POUR FINIR

« *Ce n'est pas de temps dont on manque le plus, mais de bonnes habitudes* »

(François GAMONNET)

DU MEME AUTEUR

LA VIBRATION ORIGINELLE : EXPRIMEZ VOTRE PLEIN POTENTIEL EN ACCORD PARFAIT AVEC VOTRE AME

Ce livre est un trésor vous permettant d'incarner l'énergie de votre âme dans votre corps physique. Vous y découvrirez comment vous connecter à la Source, libérer votre ombre et les émotions cristallisées et comment permettre à votre âme de s'exprimer inconditionnellement dans votre vie.

VIVRE EN ACCORD PARFAIT AVEC LES LOIS UNIVERSELLES

Ou comment vivre l'Unité au sein de la Dualité en s'accordant avec les lois de l'Univers qui sont immuables et surpassant largement les lois humaines. Ce livre vous aide à vous Libérer de vos chaines et à œuvrer pour la Libération de l'Humanité.

7 SECRETS CACHES SUR LA LOI DE L'ATTRACTION

Ou comment appliquer la loi de l'attraction à votre avantage. Vous y découvrirez du contenu qui n'existe nulle part ailleurs et qui vous donne les véritables clés pour créer la magie dans votre vie. C'est mon livre phrase sur la loi d'attraction qui est à aujourd'hui unanimement apprécié.

LA LOI DE L'ATTRACTION : LES REPONSES A TOUTES VOS QUESTIONS

Mes réponses aux questions que l'on m'a posées pendant plus de 3 ans et qui permettent d'approfondir notre compréhension de cette loi. Un éclairage sur de nombreux cas pratiques.

POUR CONTINUER VOTRE CHEMIN AVEC MOI

SITE OFFICIEL : DORIAN VALLET
https://www.dorianvallet.fr/

Vous trouverez en une page tout ce que Je Suis et ce que je propose pour vous guider vers l'Eveil Véritable et votre plein rayonnement.

LE BLOG TERRE CRISTALLINE
https://terrecristalline.fr/

Des centaines d'articles et de vidéos de grande qualité, ainsi que les informations sur les web-ateliers et les stages

LE CERCLE CRITAL
https://lecerclecristal.fr/

Un espace sacré en ligne afin de vous guider à travers les web-ateliers et les formations.

CHAINE YOUTUBE : PLATEFORME BIEN-ETRE
https://www.youtube.com/c/PlateformeBienetre

De nouvelles vidéos chaque semaine rayonner toujours davantage ce que Vous Êtes.

FACEBOOK
https://www.facebook.com/TerreCristalline/

Des vidéos, articles, citations et partages de contenus qui ont attiré mon attention.

www.ingramcontent.com/pod-product-compliance
Lightning Source LLC
Chambersburg PA
CBHW070944210326
41520CB00021B/7054